Wolfgang Lidle
Stundenblätter Wirtschaft

Wolfgang Lidle

Stundenblätter Wirtschaft

Grundlagen – Arbeitsprozeß – Interessenvertretung

Sekundarstufe I

Beilagen:
24 Seiten Stundenblätter
+ 13 Arbeitsblätter zum Kopieren

Ernst Klett Verlag für Wissen und Bildung

Die Stundenblätter Geschichte/Gemeinschaftskunde
werden herausgegeben von
Gerhart Maier und Hans Georg Müller

CIP-Titelaufnahme der Deutschen Bibliothek

Lidle, Wolfgang:
Stundenblätter Wirtschaft:
Grundlagen – Arbeitsprozeß – Interessenvertretung;
Sekundarstufe I / Wolfgang Lidle.
2. Aufl. – Stuttgart: Klett, 1990.
& Stundenbl. u. Arbeitsbl. zum Kopieren
  (Stundenblätter Geschichte, Gemeinschaftskunde)
  ISBN 3-12-927798-6

2. Auflage 1990
Alle Rechte vorbehalten
Fotomechanische Wiedergabe nur mit Genehmigung des Verlages
© Ernst Klett Verlag für Wissen und Bildung GmbH, Stuttgart 1987
Satz: G. Müller, Heilbronn; W. Röck, Weinsberg
Druck: W. Röck, Weinsberg
Einbandgestaltung: Zembsch' Werkstatt, München
ISBN 3-12-927798-6

Inhalt

I Fachwissenschaftliche und didaktische Vorbemerkungen   7

II Literatur   11

III Darstellung der Einzelstunden   15

Block A: Wozu und wie wirtschaften wir?

1. Stunde:
Bedürfnisse – der Sinn des Lebens: arbeiten, um mehr zu haben?
(mit Kopiervorlage: Arbeitsblatt 1)   15

2. Stunde:
Wirtschaftskreislauf – woher kommt und wohin geht unser Geld?
(mit Kopiervorlage: Arbeitsblatt 2)   20

3. Stunde:
Markt – wann steigen, wann sinken die Preise?
(mit Kopiervorlage: Arbeitsblatt 3)   24

4. Stunde:
Ergebnis unseres Wirtschaftens – Wohlstand und „Neue Armut"?
(mit Kopiervorlage: Arbeitsblatt 4)   30

Block B: Der Mensch in der heutigen betrieblichen Realität

5. Stunde:
Wie ein Betrieb funktioniert – der Mensch, ein Rädchen im Getriebe?
(mit Kopiervorlage: Arbeitsblatt 5)   37

6. Stunde:
Unternehmensziele aus der Sicht von Arbeitgebern und Arbeitnehmern –
alle im gleichen Boot?
(mit Kopiervorlage: Arbeitsblatt 6)   42

7. Stunde:
Neue Technologien – einfach und voller Chancen?
(Technische Grundlagenkenntnisse)
(mit Kopiervorlage: Arbeitsblatt 7)   56

8. Stunde:
Neue Technologien – Fluch der Menschen? (Gefährdungsbereiche)
(mit Kopiervorlage: Arbeitsblatt 8)   63

Block C: Interessenvertretung und Interessenkonflikt

9. Stunde:
Interessenvertretung durch Arbeitgeber und Arbeitnehmer – Sozialpartner?
(mit Kopiervorlage: Arbeitsblatt 9) 68

10. Stunde:
Arbeitszeitverkürzung – Ruin oder Rettung?
(mit Kopiervorlage: Arbeitsblatt 10) 76

11. Stunde:
Unternehmensmitbestimmung – Weg zur Wirtschaftsdemokratie? 89

12. Stunde:
Betriebliche Mitbestimmung – Worauf haben Jugendliche im Betrieb Einfluß?
(Simulationsspiel)
(mit Kopiervorlage: Arbeitsblatt 12) 95

Exkurse

13. Stunde
Betriebserkundung/Betriebspraktikum
(Organisationsablauf; Form und Inhalt von Praktikumsberichten) 99

14. Stunde:
Berufsfindung – welcher Beruf paßt zu mir am besten?
(Persönliche und gesellschaftliche Dimensionen)
(mit Kopiervorlage: Arbeitsblatt 13) 102

I Fachwissenschaftliche und didaktische Vorbemerkungen

„In Wirklichkeit gibt es keine wirtschaftlichen, soziologischen, psychologischen Probleme, sondern ganz einfach Probleme und diese sind alle komplex." (Gunnar Myrdal)

Trocken, langweilig, komplex, kompliziert – so lautet oft das Schüler-Vor-urteil, wenn die Unterrichtsreihe „Wirtschaft" ansteht. Manche Kolleginnen und Kollegen beklagen fachliche Defizite aus der eigenen Schul- und Studienzeit, veraltete Perspektiven und überholte Daten. Schwierige Berufsfindung und rasanter technologischer Wandel verstärken den Wunsch nach Handreichungen zum Wirtschaftslehreunterricht. Es besteht ein großer Nachholbedarf in der Vermittlung wirtschaftlichen Wissens und Handelns; dies um so mehr, als alle Meinungsumfragen regelmäßig bestätigen, daß ökonomische Fragen wie Löhne, Preise, Arbeitsmarkt und Energieversorgung als die wichtigsten Probleme überhaupt angesehen werden.

Wirtschaftserziehung ist jedoch bis in die heutige Zeit ein Stiefkind der deutschen Bildungstradition. Das Humboldtsche Ideal sah Ökonomie (Ausbildung) losgelöst von wahrer „humanitas" (Bildung), so daß der wirtschaftlichen Fachbildung in der Schule nur ein Platz am Rande übrigblieb. Die Nachwirkungen dieser pädagogischen Abstinenz liegen in abstrakt-geistigen Wertauffassungen und rückständigen Didaktiken. Divergierende Lehrplanrichtlinien der Bundesländer, umstrittene Erwartungen von Gewerkschaften und Arbeitgeberverbänden sowie Positionskämpfe der Fachwissenschaft kennzeichnen die aktuelle Situation. Dabei orientiert sich die Wirtschaftsdidaktik bislang weitgehend an der allgemeinen politischen Didaktik.

Betrachtet man sich die Auseinandersetzung der Meinungsführer politischer Didaktik, Wolfgang Hilligen und Bernhard Sutor, so entsteht der Eindruck, daß der politische Standpunkt des Denkers den pädagogischen Diskurs bestimmt (vgl. dazu: Hartwig Lädige: Die Didaktik der politischen Bildung: Eine Wissenschaft ohne Gegenstand?, in: aus politik und zeitgeschichte. B 50, 1985, S. 3–18).

Demgegenüber folgen diese Stundenblätter dem Pluralismus der politischen Pädagogik. Seine Wurzeln hat er zum einen im Pluralismusverständnis des Grundgesetzes, wie er auch im BVG-Urteil zur „wirtschaftspolitischen Neutralität" des GG begründet wird:

„Das Grundgesetz garantiert weder die wirtschaftspolitische Neutralität der Regierungs- und Gesetzgebungsgewalt noch eine mit marktkonformen Mitteln zu steuernde ‚soziale Marktwirtschaft'. Die ‚wirtschaftspolitische Neutralität' des Grundgesetzes besteht lediglich darin, daß sich der Verfassungsgeber nicht ausdrücklich für ein bestimmtes Wirtschaftssystem entschieden hat. Dies ermöglicht dem Gesetzgeber die ihm jeweils sachgemäß erscheinende Wirtschaftspolitik zu verfolgen, sofern er dabei das Grundgesetz beachtet. Die gegenwärtige Wirtschafts- und Sozialordnung ist zwar eine nach dem Grundgesetz mögliche Ordnung, keineswegs die allein mögliche."
(Entscheidungen des Bundesverfassungsgerichts, 20. 7. 1954. Band 4, Mohr Tübingen 1956, S. 17f.)

Zum andern ergibt sich eine zweite Wurzel aus dem Pluralismus der Bezugswissenschaften des sozialkundlich-wirtschaftlich-politischen Unterrichts. Damit ist das spätere Arbeits- und Berufsleben nicht nur ökonomisch, sondern auch technisch, ökologisch, individual- und sozialpsychologisch anzugehen. Denn: ökonomische Strukturen gewinnen ihr Interesse aus ihrer gesellschaftlichen wie auch ganz persönlichen Bedeutung.

Aus beiden Wurzeln des pluralistischen Verständnisses folgt der Minimalkonsens für jeden Politiklehrer, der darin besteht, sozialkundliche Themen nicht zum Instrument eigener politischer Überzeugungen zu machen (Überwältigungsverbot).

Das bedeutet für die hier vorliegende Einführung in die Wirtschaftskunde der Sekundarstufe I:
– Das Heft ist keiner speziellen Didaktik verpflichtet;
– in die Stunden fanden keine einseitig harmonisierend-affirmativen und keine ausschließlich negativ-kritischen Darstellungen Eingang;
– fachwissenschaftliche und pädagogische Zielsetzungen sind gleichrangig berücksichtigt.

Die Schüler erhalten somit die Gelegenheit, ihren eigenen Weg in das Arbeits- und Berufsleben zu finden. In den einzelnen Unterrichtsschritten erhalten sie über verschiedene Methoden Zugang zu Materialien, die sie befähigen, Gefahren und Schwachstellen im Wirtschaftsprozeß zu begegnen und Chancen zu erkennen.

Wirtschaftliche und soziale Situationen sind prinzipiell alternativ deutbar; werden sie nur sachrational angegangen, finden demokratische Legitimationseinbußen statt, da sich die Schüler nicht in ihren praktischen Lebenssituationen wiederfinden. Horst Rumpf faßt die Nachteile eines zweckrationalen Unterrichtskonzepts in ein Bild:

„Die Endverhaltensweise, die Trainingsschritte und der Enderfolg liegen fest, bevor die Individuen feststehen, die mit diesem Instrument garantiert erfolgreich bearbeitet werden. Wie ein Ingenieur eine Maschine, ein Haus, plant und konstruiert, so konstruiert und plant der Lerningenieur den Aufbau einer Leistungsqualität, ganz unabhängig und abgelöst von den Subjekten, die diesen Ingenieur sowenig interessieren wie den Bauingenieur die Landschaft, aus der der von ihm zu verbauende Kies stammt." (Horst Rumpf: Zweifel am Monopol des zweckrationalen Unterrichtskonzepts, in: Neue Sammlung, Heft 5, 1971, S. 395 – 405, hier: S. 397).

Eine Einführung in die Wirtschaftslehre hat grundlegende Zusammenhänge zwischen wirtschaftlicher Organisation, technischem Wandel sowie Arbeits- und Lebensbedingungen herauszuarbeiten. Sie hat sich jedoch nicht nur mit inhaltlichen Dingzusammenhängen (Fakten, Begriffen, kurz: Sachverhalten) zu beschäftigen, sondern auch Interaktionskompetenzen zu vermitteln; dazu zählen Kommunikations-, Planungs-, Organisations-, Entscheidungs- und Konfliktfähigkeiten. Diese stellen sich nur langfristig ein, sofern die Schüler die Gelegenheit erhalten, eigene Bedürfnisse, Interessen, Ziele, Betroffenheit und Standpunkt zur Sache artikulieren und begründen zu lernen.

Im Gegensatz zu veralteten Ansätzen aus der Wirtschaftsdidaktik, die das unhinterfragte und schülerferne Funktionieren „der Wirtschaft" vermittelten, gehen diese Unterrichtshilfen von komplexeren Voraussetzungen aus:
– bereits existierende Teilnahme der Jugendlichen am Wirtschaftsleben;
– frühe Konfrontation mit der Berufsfindung;
– sich verändernde Lebensverhältnisse durch „Neue Technologien";
– Wertewandel bzw. Nebeneinander verschiedener Lebensstile – orientiert nach materiellen und/oder postmateriellen Werten.

Daraus lassen sich auch didaktisch-methodische Grundsätze für die Vorschläge zu den Einzelstunden ableiten:
– Historische Dimension (z. B. die Tagespolitik überdauernde Ziele bei Arbeitgebern und Arbeitnehmern);
– Realitätsnähe (z. B. Fallbeispiele);
– Lebensthematische Relevanz (z. B. beim Berufsfindungsprozeß);
– Problemorientierung (z. B. Bedürfnisse

haben ökologische, soziale und psychische Nebenwirkungen);
- Konflikthaftigkeit (z. B. bei Tarifauseinandersetzungen);
- Thematischer Zusammenhang (z. B. beim Wirtschaftskreislauf).

Vier Themenblöcke bauen aufeinander auf:
A: Wozu und wie wirtschaften wir?
B: Betriebliche Realität heute
C: Interessenvertretung und Interessenkonflikte
D: Exkurse zur Theorie und Praxis von Betriebspraktikum und Berufsfindung
- Nachdenken über Entscheidungs- und Verhaltensstrukturen (z. B. bei innerbetrieblicher Mitbestimmung).

Lehrerzentrierte Phasen vermitteln das Grundwissen von Arbeits- und Berufsleben. Der Lehrperson werden Graphiken, Folien, Arbeitsblätter und Filme zur Unterstützung ihrer Aktivitäten beigegeben. Die Schüler werden durch aktivitätsfördernde und jugendgemäße Lernmaterialien motiviert: Karikaturen, Meinungsumfragen, Rollen- und Simulationsspiele, Fallbeispiele, Selbsterkundung eigener Fähigkeiten, Betriebserkundung mit Expertenbefragung, Collagen, Pro- und Kontra-Debatten, offene Diskussionen usw. Ein Sekundäreffekt ist, daß die Schüler eine positive Einstellung zum eigenen Leben gewinnen. Sicher leuchtet es ein, daß in die Einzelstunden keine detaillierten Einführungen in Arbeitstechniken des Wirtschaftslehreunterrichts, beispielsweise zu Statistiken, Graphiken, Interviewtechnik usw. aufgenommen werden konnten. Sollte dies je nach Klassensituation erforderlich sein, wird auf die Empfehlungen im Literaturverzeichnis verwiesen.

Im übrigen ermöglichen ausführliche fachwissenschaftliche und didaktische Einleitungen zu den Einzelstunden dem Lehrer einen schnellen Überblick über kontroverse Deutungen des Wirtschaftsgeschehens. Gerade davon ausgehend könnte methodenbewußtes Arbeiten ansetzen.

Die Vielfalt der Materialien berücksichtigt:
- unterschiedliches Sprach- und Abstraktionsniveau; deshalb werden umfangreiche Alternativen zu den einzelnen Unterrichtsschritten jeder Stunde angeboten;
- Lehrpläne aller Schularten aus allen Bundesländern zum Wirtschaftslehreunterricht der Sekundarstufe I; die vierzehn Einzelstunden ergeben eine Synopse.

II Literatur

Fachwissenschaftliche Literatur

Die nachfolgenden Literaturangaben stellen eine Auswahl dar. Weiterführende Hinweise lassen sich den Vorbemerkungen zu den Einzelstunden sowie den Anhängen „Schulbuchhinweise" bzw. „Zusätzliche Literatur" entnehmen.

Willi Albers u.a. (Hrsg.): Handwörterbuch der Wirtschaftswissenschaft (HdWW). 9 Bände und Registerband in Lexikonform. Fischer/Mohr/Vandenhoeck & Ruprecht, Stuttgart/Tübingen/Göttingen 1985
Günter Ashauer: Einführung in die Wirtschaftslehre. Deutscher Sparkassenverlag, Stuttgart ^{5}1984
Günter Ashauer: Grundwissen Wirtschaft. Klett, Stuttgart ^{2}1986
Bibliographie der Wirtschaftswissenschaften. Erscheint jahrgangsweise. 75. Jahrgang/1983. Vandenhoeck & Ruprecht, Göttingen/Zürich
Bundesverband Deutscher Banken (Hrsg.): Im Kreislauf der Wirtschaft. Bank-Verlag, Köln 1983
Franz Josef Floren: Grundkurs Wirtschaftspolitik. Schöningh, Paderborn 1986
Grundwissen Wirtschaftsgesetze. Zusammengestellt von Roland Blessing und Hans-Martin Gruber, Klett, Stuttgart 1985
Jürgen Hofmann: Bibliographie zur Didaktik der Wirtschaftslehre. Pädagogisches Zentrum, Berlin 1982ff.
Thomas R. Hummel: Das Studium der Wirtschaftswissenschaften. Einführung und Orientierungshilfe. Campus Studium Bd. 559, Frankfurt/New York 1984
Michael Jungblut (Hrsg.): Wirtschaftsjahrbuch 1985 (ff.). Die wichtigsten Beiträge zur wirtschafts- und gesellschaftspolitischen Entwicklung. Goldmann, München 1985
Horst Knapp: Wirtschaft von A bis Z; die wichtigsten Begriffe und Zusammenhänge der Wirtschaft. Signum-Verlag, Wien 1983
Heinz Ott u.a. (Hrsg.): Wirtschafts-Ploetz. Die Wirtschaftsgeschichte zum Nachschlagen. Ploetz, Freiburg 1984
Veröffentlichungen des Statistischen Bundesamtes. Postf. 42 11 20, 6500 Mainz 42

Fachzeitschriften

Abi. Berufswahl-Magazin. Bundesanstalt für Arbeit, Nürnberg. Mannheim 1977ff.
Arbeiten und Lernen (a+l). Die Arbeitslehre. Friedrich, Seelze 1979ff.
Arbeitgeber. Bachem, Köln 1949ff.
Aus Politik und Zeitgeschichte. Bundeszentrale für Politische Bildung, Bonn 1954ff.
Betrieb. Verlag Handelsblatt, Düsseldorf 1948ff.
Betriebswirtschaftliche Forschung und Praxis. Heckner, Wolfenbüttel 1949ff.
bit. Büro- und Informationstechnik. Zeitschrift für moderne Unternehmens- und Verwaltungspraxis. Göllerer, Baden-Baden
Capital. Gruner & Jahr, Hamburg, 25, 1986
Gegenwartskunde. Leske, Opladen 1952ff.
Leviathan. Zeitschrift für Sozialwissenschaft. Bertelsmann, Düsseldorf 1973ff.
Mitteilungen aus der Arbeitsmarkt- und Berufsforschung. Kohlhammer, Stuttgart
Politik und Unterricht. Landeszentrale für Politische Bildung Baden-Württemberg. Villingen-Schwenningen 1975ff.

Soziale Sicherheit. Bund, Köln 1952 ff.
Soziale Welt. Schwartz, Göttingen 1949/50 ff.
Statistische Hefte. Westdeutscher Verlag, Köln & Opladen 1960 ff.
Uni. Berufswahl-Magazin. Bundesanstalt für Arbeit, Nürnberg. Mannheim 1977 ff.
Vierteljahreshefte für Wirtschaftsforschung. DIW. Duncker & Humblot, Berlin
Wirtschaft und Statistik. Statistisches Bundesamt, Wiesbaden 1949 ff.
Wirtschaftsdienst. Wirtschaftspolitische Monatsschrift. Verlag Weltarchiv, Hamburg 1916 ff.
Wirtschafts- und Sozialwissenschaftliches Institut des Deutschen Gewerkschaftsbundes. WSI-Mitteilungen. Bund, Düsseldorf
Wirtschaftswoche. Der Volkswirt. Gesellschaft für Wirtschaftspublizistik, Frankfurt, 40, 1986
Zeitschrift für Arbeitswissenschaft. Schmidt, Köln, 39, 1985
Zeitschrift für Berufs- und Wirtschaftspädagogik. Steiner, Stuttgart 1980 ff.
Zeitschrift für Sozialhilfe und Sozialgesetzbuch. Schulz, München-Percha, 25, 1986.
Zeitschrift für Wirtschafts- und Sozialwissenschaften. Duncker & Humblot, Berlin, 106, 1986

Unterrichtspraktische Hilfen: Arbeitstechniken im Wirtschaftslehreunterricht

Wilfried Buddensiek: Simulationsspiele als Medien im sozioökonomischen Unterricht, in: arbeiten und lernen, 25, 1983, S. 94–96
Franz Decker (Hrsg.): Praxis des Wirtschaftslehre-Unterrichts. Handbuch für Lehrer. Burgbücherei Schneider. Baltmannsweiler 1981 ff., darin: Gesprächsformen im Unterricht und in der Wirtschaftspraxis, u. a. Lehrgespräch, Problemgespräch (Fallstudien, Planspiele, Rollenspiele), Pro- und Kontra-Gespräch, Streit- bzw. Kampfgespräch, S. 7/1 ff.
Jürgen Eick: So nützt man den Wirtschaftsteil einer Zeitung. Societäts-Verlag, Frankfurt ^{2}1986
Gewerkschaftliche Unterrichtshilfen Nr. 5: Mitbestimmung. Union, Frankfurt 1984, darin: S. 6 ff.: Meinungsumfragen, Rollenspiel, lokaler Konflikt, Collagen, Karikaturen
Manfred König: Planspiele als praxisbezogenes Lernen in der Realschule, in: Die Realschule 94, 1986, S. 82–86 (Planspiel „Wettbewerb")
Klaus Lankenau: Interview und Fragebogen: Bedeutung und Problematik für die Untersuchung sozialer Tatsachen, in: Gegenwartskunde 3, 1983, S. 305–317
Gerhard Meyer-Willner: Gruppenunterricht, in: arbeiten und lernen, 10–10a, 1980, S. 50–52
Rudolf Müller-Ernesti: Planspiel als Schlüssel zur Wirtschaft. Das Planspiel „Marketing Information Game" in der Unterrichtspraxis, in: Gymnasium in Niedersachsen, 34, 1986, S. 36–38
Heinz Karl Ott / Hubert Reip / Hans Weber: Aufgaben und Probleme aus der Wirtschaftsdidaktik VI: Die bildhafte Darstellung als Mittel der Veranschaulichung, in: Wirtschaft und Gesellschaft im Unterricht, 1, 1981, S. 4–7
Volker Preu: Subversiv. Statisten der Statistik, in: Die Zeit, Nr. 41 vom 4. 10. 1985, S. 93
Thomas von Randow: Wie lügt man mit Statistik?, in: Die Zeit, Nr. 4 vom 17. 1. 1986, S. 60 (mit Beispielgraphiken zur Auswertung)
Hartwig Reinold: Karikaturen als didaktische Medien im Wirtschaftslehreunterricht, in: Gerhard E. Ortner (Hrsg.): Mit Medien lernen, mit Medien leben, Alsbach 1981, S. 212–236

ders.: Bildgrafik im Unterricht, in: Schulpraxis, 3, 1983, S. 26f.

Andreas Unger: Schriftliche Arbeiten im Politikunterricht – Fragen aus der Schulpraxis, in: Gegenwartskunde 3, 1985, S. 323–330

Didaktische Hilfen

Aktionsgemeinschaft Wirtschaftserziehung in der Schule (Hrsg.): Unterrichtsbeispiele. Stuttgart/Mannheim o.J.

Wilfried Buddensiek (Hrsg.): Unterrichtsmodelle zur Arbeits- und Wirtschaftslehre und zur politischen Bildung. Bad Heilbrunn. Klinkhardt 1979ff.

Gerhard Bunk: Einführung in die Arbeits-, Berufs- und Wirtschaftspädagogik. Quelle & Meyer, Heidelberg 1982

Hartmut Castner: Emanzipation im Unterricht. Didaktik und Methodik einer Wirtschafts- und Gesellschaftslehre. Berlin, Zürich ²1976

Franz Decker: Wirtschaftsdidaktik und ihre Bezugswissenschaften: Gegenstand und Aufgaben der Wirtschafts- und Berufsdidaktik. Pädagogische Hochschule Weingarten, 1978

Reimund Emde: Stundenblätter Konjunkturpolitik, S II. Klett, Stuttgart 1985

Reinhard Hentke: Situationsprinzip versus Wissenschaftsprinzip, eine Scheinalternative, oder: Wider den „Pendelkurs" in der Wirtschaftsdidaktik, in: Zeitschrift für Berufs- und Wirtschaftspädagogik. Wiesbaden, 82, 1986, S. 109–119

Hans Immler (Hrsg.): Beiträge zur Didaktik der Arbeit. Klinkhardt, Bad Heilbrunn 1981

Hans Kaminski: Grundlegende Elemente einer Didaktik der Wirtschaftserziehung. Wissenschaftstheoretische Voraussetzungen, Probleme der Curriculumentwicklung, Strategien zur unterrichtlichen Realisation. Klinckhardt, Bad Heilbrunn 1977

Heinz Klippert: Didaktik des Lernbereichs Wirtschaft. Beltz, Weinheim und Basel 1981

Manfred Reimer, Abiturwissen Wirtschaft, Klett, Stuttgart 1987

Hermann Spethmann (Hrsg.): Methodik und Didaktik des Wirtschaftslehre-Unterrichts. Rinteln 1978

Studienkreis Schule – Wirtschaft Nordrhein-Westfalen (Hrsg.): Schule-Wirtschaft. Düsseldorf, Jahrgangsnummern

Wirtschaftliche Grundbegriffe. Unterrichtsbeispiele. 5 Teile. Informationsdienst der Sparkassen und Landesbanken/Girozentralen (Hrsg.). Sparkassenverlag, Stuttgart o.J.

Horst Ziefuss / Wilfried Hendricks / Günter Reuel: Arbeitslehre. Stand und Tendenzen aus Lehrersicht. Pedersen, Braunschweig 1984

Karl Georg Zinn: Wirtschaftszusammenhänge verständlich lehren. Volkswirtschaft für Pädagogen der Sekundarstufe I und II. München u.a. 1976

Schulbücher

Paul Ackermann / Winfried Glashagen / Herbert Uhl: heute und morgen. Gemeinschaftskunde Realschule Klasse 8. Klett, Stuttgart 1982 und 1985

Horst Becker / Herbert Uhl: Thema Politik A. 7.–10. Schuljahr. Klett, Stuttgart 1982

Herbert Blazejewicz u. a. (Hrsg.): arbeiten und wirtschaften. Teile Wirtschaftslehre 7/8 und 9/10. Klett, Stuttgart 1985

Lothar Böhnert u. a. (Hrsg.): Gemeinschaftskunde Gymnasium 10. Schuljahr. Schöningh, Paderborn 1985

Anton Egner u. a. (Hrsg.): Gemeinschaftskunde. Gymnasium Klasse 10. Schrödel, Hannover 1982 und 1984

Gerhard Granacher u. a. (Hrsg.): Gemeinschaftskunde/Wirtschaftslehre. Klasse 8 Hauptschule. Schrödel, Hannover 1980 und 1985

ders. u. a. (Hrsg.): Klasse 9. Schrödel, Hannover 1982

ders. u. a. (Hrsg.): Gemeinschaftskunde. Realschule Klasse 8. Schrödel, Hannover 1981

ders. u. a. (Hrsg.): Arbeitsteilung – Automation. Beiheft 2. Klasse 8. Schrödel, Hannover 1981

ders. u. a. (Hrsg.): Gemeinschaftskunde. Realschule Klasse 9. Schrödel, Hannover 1982

Xaver Fiederle / Franz Filser (Hrsg.): P wie Politik. Hauptschule 7. Schöningh, Paderborn 1984

dies.: P wie Politik. Gemeinschaftskunde/ Wirtschaftslehre. 8. Schuljahr Hauptschule. Schöningh, Paderborn 1985

dies.: Gemeinschafskunde. 9. Schuljahr Realschule. Schöningh, Paderborn 1985

dies.: P wie Politik. Hauptschule 9. Schuljahr. Schöningh, Paderborn 1985

Audiovisuelle Hilfsmittel

Alle Medien sind über die Landes- bzw. Kreisbildstellen erhältlich.

Am Arbeitsplatz
– Eine Akkordarbeiterin 9 Min. sw (3202120)
– In der Schreibgruppe 17 Min. sw (3202186)
– Arbeiterin-Angestellte 15 Min. sw (3202363)
– Eine Akkordarbeiterin 9 Min. sw (3200143)
– Gruppenarbeit bei Fließfertigung 15 Min. sw (3202096)
Arbeitsteilung 12 Min. (3202042)
Arbeitsteilung 12 Min. (3800135)
... arm würd' ich nicht sagen ...: Soziale Unterschiede in der Bundesrepublik 25 Min. (3202945)
Gerechte Steuern? 12 Min. (3203365)
Gerechter Lohn 13 Min. (3800142)
Hauptversammlung einer Aktiengesellschaft 15 Min. sw (3202324)
Ich bin Jugendvertreter 21 Min. (3203066)
Im Betrieb
– Gerechter Akkord 20 Min. sw (3202273)
– Stillegung einer Teilproduktion 20 Min. sw (3202310)
Kapitalbildung 10 Min. (3202029)
Kapitalbildung 10 Min. (3800133)
Der Mensch in der automatisierten Fertigung 18 Min. sw (3202030)
Mitwirkungsmöglichkeiten des Betriebsrates 13 Min. (2202640)
Stahlarbeiter: Aus der WDR-Serie „Deutscher Alltag" (4200121)
Der Streik war vorbereitet 28 Min. (3202034)
Das System der sozialen Sicherung 24 Min. (3202785)
Diareihe zum Film „Das System der sozialen Sicherung" (1002412)
Umwelt Arbeitsplatz – Büroarbeit 43 Min. (4200114)
Umwelt Arbeitsplatz – Schwerarbeit 43 Min. (4200115)
Von der Zeit ohne Arbeit 21 Min. sw (3203522)
Von Menschen und Maschinen
– Roboter, die neuen Kollegen 45 Min. (4200444)
– Die Fabrik mit Zukunft – ohne Menschen? 44 Min. (4200445)
– Die Welt, die wir uns schaffen 44 Min. (4200446)
Arbeitssicherheit 14 Min. (3203292)
Arbeitssicherheit 13 Min. (3800350)
Aus der Geschichte der Gewerkschaftsbewegung 28 Min. (2200111)
Entstehung und Verwendung des Sozialprodukts 18 Min. (1500000)
Fließfertigung im Autobau 15 Min. (3800159)

Freie Tankstellen? Konzentrationserscheinungen auf dem Mineralölmarkt 22 Min. (3203561)
Kaufkraft des Geldes 7 Min. (3800155)
Konzentration im Lebensmittelhandel 29 Min. sw (3202113)
Marketing 13 Min. (3800366)
Organisationsaufbau eines Industriebetriebes 27 Min. (1500028)
Rentabilität, Produktivität, Wirtschaftlichkeit 14 Min. (1500005)

Warenplazierung im SB-Laden des Lebensmitteleinzelhandels 13 Min. (1500056)
Warum es ohne Geld nicht geht 12 Min. (3202211)
Warum es ohne Geld nicht geht 12 Min. (3800154)
Wettbewerb 20 Min. (3203444)
Das Zusammenwirken der Produktionsfaktoren 10 Min. (3200865)
Das Zusammenwirken der Produktionsfaktoren 10 Min. (3800120)

III Darstellung der Einzelstunden

**Block A:
Wozu und wie wirtschaften wir?**

1. Stunde: Bedürfnisse

Der Sinn des Lebens: Arbeiten, um mehr zu haben?

Fachwissenschaftliche und didaktische Vorbemerkungen

Die erste Stunde führt in das Thema der Unterrichtseinheit ein. Die hier aufgezeigten Motive des Wirtschaftens beleuchten in einer ersten Annäherung die Probleme und Perspektiven unserer Industriegesellschaft.
In den allermeisten Lehr- und Schulbüchern besteht ein kritisierbarer Konsens darüber, was die Grundlagen des Wirtschaftens seien: rationale, planvolle Tätigkeiten, die ein unbefriedigtes Mangelgefühl (Bedürfnis) über Güter beseitigen. Der bekannte Sozialökonom Werner Hofmann hat bereits 1969 in seinen in der rororo-aktuell-Reihe erschienenen „Grundelementen der Wirtschaftsgesellschaft" darauf hingewiesen, daß „Gegenstand der Lehre von der Wirtschaftsgesellschaft... nicht das Verhältnis eines abstrakt gedachten Menschen zur Natur (zur ‚Güterwelt') (ist), sondern das Verhältnis gesellschaftlicher Menschen zueinander" (S. 20).
Bernd Stauss und Jörn Krümpelmann greifen diese These von der geschichtlichen Natur wirtschaftlicher Tatbestände auf (in: Grundtatbestände des Wirtschaftens, bzw. Bemerkungen zur Darstellung des Themas „menschliche Bedürfnisse" in Wirtschaftslehrebüchern, in: Zeitschrift für Berufs- und Wirtschaftspädagogik, 78, 1982, S. 904–920 bzw. 920–933). Sie wenden gegen die Konsens-Definition ein, daß
– Norm und Realität gleichgesetzt werden und beispielsweise über die Bedürfniskette „Kinderroller – Fahrrad – Mofa – Kleinauto – neuestes Automodell..." eine Unbegrenztheit materieller Bedürfnisse suggeriert wird;
– historische und soziale Ursachen der Bedürfnisentstehung unberücksichtigt bleiben und damit auch Erklärungsvariablen für verändertes Arbeits- und Konsumverhalten;
– Nebenwirkungen der Bedürfnisbefriedigung nicht zum Gegenstand des Unterrichts gehören, also etwa Umweltschäden;
– der ökonomische Erfolg zur alles beherrschenden Denkkategorie wird und andere (immaterielle) Möglichkeiten, Glück zu erreichen, aus dem Blickfeld geraten (vgl. dazu die Unterscheidung Erich Fromms zwischen Streben nach Besitztümern und einem selbstgenügsamen Da-Sein, in: ders.: Haben oder Sein? Die seelischen Grundlagen einer neuen Gesellschaft, Stuttgart 1976).

Desgleichen sind die formalen Begriffsbestimmungen (z. B. Existenz-/Luxus-/Kulturbedürfnisse oder Individual-/Kollektivbedürfnisse oder lebenserhaltende/lebensbereichernde Bedürfnisse) zu verwerfen, weil sie entweder die Art und Weise der (kulturellen) Bedürfnisbefriedigung verleugnen bzw. Luxusgüter unhinterfragt hypostasieren oder implizieren, daß jeder Handlung ein Bedürfnis unterliegt, womit ein uferloser Begriffswirrwarr entsteht.
Die beste Synopse aus der psychologisch-soziologischen Forschung der letzten Jahre

bildet wohl der Beitrag von Gasiet in Anlehnung an Maslows Bedürfnishierarchie. (Vgl. Gasiet, Seev: Menschliche Bedürfnisse, Campus, Frankfurt 1981 und Maslow, Abraham: Motivation und Persönlichkeit, Reinbek 1981, Erstausgabe 1956)

Die Konsequenz dieser Vorüberlegungen ist, daß Probleme und Lernzielimplikationen des Begriffspaares „Bedürfnisse/Wirtschaften" gleich in dieser ersten Stunde aufgegriffen werden, um nicht durch die Vermittlung scheinbar selbstverständlicher Tatbestände vorschnell einstellungsprägende Erkenntnisse zu verstärken und den Blick auf aktuelle und zukünftige Entscheidungssituationen zu verengen. Um dem entgegenzutreten, gehört die Reflexion der Bedürfnisse „als Zweck wirtschaftlichen Handelns" gerade in Abgrenzung zu Bedarf „als konkrete Vorstellung über die Art und Weise der Bedürfnisbefriedigung" und Nachfrage „als mit Kaufkraft ausgestattetes Äußern des Bedarfs am Markt" (vgl. Krümpelmann, J., a.a.O., S. 929) zum didaktischen Stundenhintergrund.

Damit können wir Konkretisierung und Nachfrageäußerung von Bedürfnissen pädagogisch hinterfragen: Bedürfnisstrukturen in dieser einleitenden Stunde, „Bedarf" in der darauffolgenden, „Nachfrage" und deren aktuelle Problematik in der 3. und 4. Stunde.

Der gesamte erste Block „Wozu und wie wirtschaften wir?" ist zwischen den Polen „Jeder weiß, was für ihn das Beste ist" – mit der Verwirklichung dieses individualistischen Prinzips im freien Spiel der Marktkräfte – und einer gesellschaftlichen Beschränkung der Bedürfnisbefriedigung, beispielsweise bei Luxusgütern, angesiedelt.

Gleich zu Beginn der Unterrichtseinheit ist dadurch ein Ausblick auf die Problematik der nachfolgenden Unterrichtsblöcke „Der Mensch in der heutigen betrieblichen Realität" und „Interessenvertretung und Interessenkonflikt" gewährt.

Der Altersstufe angemessen sollen die Schüler nicht bereits in der ersten Stunde mit objektivierten Sachinformationen überfüttert und demotiviert werden, sondern an Voreinstellungen anknüpfen und eigenen Assoziationen Raum geben können. Dem Lehrer zeigt dieses Vorgehen gleichzeitig die in seiner Klasse vorherrschenden Defizite und Klischees.

So wird als Auftakt völlig unstrukturiert gefragt, was jeder einzelne zum Leben braucht – und was überflüssig scheint. Methode: Brainstorming. Eine Vielfalt von Antworten ist zu erwarten, die jedoch noch nicht systematisiert werden. Die unterschiedlichen Schülerantworten auf diese Frage legen eine von außen kommende Antwort nahe, in diesem Fall von einem Menschen, der unsere Kultur aus der Sicht eines Exoten schildert (Arbeitsblatt 1).

Der Text ist von Anhängern der deutschen Wandervogel-Bewegung Anfang der 20er Jahre verfaßt worden; der Pazifist Paasche wurde wegen der deutlichen kulturkritischen Bemerkungen über Deutschland durch Nationalsozialisten verfolgt und in die Psychiatrie eingewiesen. Trotzdem inspirierte er seinen Zeitgenossen Erich Scheuermann zu einer blassen Kopie seines Lukango Mukara – zum heutzutage ebenfalls wieder aufgelegten Papalagi. Für unsere Zwecke ist die deutlichere Sprache vorzuziehen; Paasches – im Arbeitsblatt weggelassene – Zwischenüberschriften „Die Arbeitsfron" und „Sklaven der Bedürfnisse" führen mit einfachen Worten in die Problematik Bedürfnisbefriedigung mit und ohne Arbeit ein. Der antithetische Text zeigt zwei Haltungen zur Bedürfnisbefriedigung; sie bilden das Raster der Stunde: Bedürfnisbefriedigung durch, und/oder außerhalb der Arbeit. Unterrichtsschritt 3 füllt diese Gegenüberstellung nach der vom Lehrer erfolgten Nennung von Grundbedürfnissen mit Beispielen aus dem Freizeit- und Berufsalltag. Im nächsten Unterrichtsschritt werden in Gruppen historische, soziale, ökologische und psychische Folgen unserer produktorientierten Bedürfnisbefriedigung erarbeitet. Die anschließende Diskussion über Luxusgüter/Einschränkung von Bedürfnissen nimmt die Ausgangsfrage wieder auf und konkretisiert sie mit einem aktuellen Beispiel der 80er Jahre.

Ziele der Stunde

Die Schüler erkennen
- die Vielfalt von Bedürfnissen;
- vorindustrielle und industrielle Wirtschaftsauffassungen;
- welche Grundbedürfnisse im Wirtschaftsleben tangiert sind.

Die Schüler erarbeiten
- historische und soziale Voraussetzungen von Bedürfnisbefriedigung;
- Vor- und Nachteile einer industriellen Wirtschaftsauffassung;
- historische, soziale, ökologische und psychische Folgen des Konzepts „Wirtschaft ist zur Bedürfnisbefriedigung da".

Die Schüler problematisieren
- die Behauptung, Wirtschaften sei mit Bedürfnisbefriedigung identisch;
- die Unbegrenztheit individueller Bedürfnisse mitsamt deren gesellschaftlichen Ableitungen.

Schulbuchhinweise:
- Gemeinschaftskunde Baden-Württemberg. Klasse 10. Gymnasium. Schrödel, Hannover 1984, S. 34–37 (Arbeitsmoral, Bedürfnishierarchie)
- Gemeinschaftskunde für Baden-Württemberg. Realschule Klasse 8. Schrödel, Hannover 1981, S. 81–89 (Bedürfnisse, Bedarf, Güterproduktion)
- Gemeinschaftskunde. 9. Schuljahr Realschulen. Schöningh, Paderborn 1985, S. 73–78 (Notwendigkeit wirtschaftlichen Handelns)

- P wie Politik. Hauptschule Klasse 7. Baden-Württemberg. Schöningh, Paderborn 1984, S. 104–115 (Bedürfnisse und ihre Realisierung, einschl. Werbung und Konsum).
- Thema Politik A. 7. – 10. Schuljahr. Klett, Stuttgart 1982, S. 76–79 (Arbeiten – wie und wozu?)
- Heute und morgen. Gemeinschaftskunde Realschule Klasse 8. Klett, Stuttgart 1982 und 1985, S. 135 – 139 (nur 1982) (Bedürfnisse)

Zusätzliche Literatur:
- Stachowiak, Herbert / Ellwein, Thomas (Hrsg.): Bedürfnisse, Werte und Normen im Wandel. Fink/Schöningh, München/Paderborn/Wien/Zürich 1982 (2 Bände)
- Politische Zeitung 41, Mai 1985, Teures Gut Arbeit
- Dörge, Friedrich-Wilhelm: Wandlungen im privaten Verbrauch in: Gegenwartskunde 2/85, S. 221–230
- Schaubild Konsum '90: Akzentverschiebung, in: GENO-Schul-Magazin, Zeitschrift für den Wirtschaftsunterricht an allgemein- und berufsbildenden Schulen 2/82, S. 11
- Was Arbeit für den einzelnen bedeutet, in: Wochenschau 5, 1982 (Sek. I), Schwalbach bei Ffm. 1982, S. 161–165
- Politische Zeitung 42, August 1985, Zeit zum Leben (Bonn)
- Noelle-Neumann, Elisabeth / Strümpel, Burkhard: Macht Arbeit krank? Macht Arbeit glücklich? Piper, München 1985
- Informationen zur politischen Bildung, 173, 1977: Wirtschaft, Verbraucher und Markt, besonders S. 1–10 (Konsumenten- oder Produzentensouveränität)

Verlaufsskizze

Unterrichtsschritt 1:
Nützliche und unnütze Dinge im Leben

Für den Einstieg in das Thema ist ein Brainstorming der Schüler vorgesehen, woraus der Lehrer zum einen wichtige Hinweise über latente Einstellungen seiner Schüler zum Thema „Wirtschaft" erhält, das zum andern aber auch durch die divergenten Meinungsäußerungen der Schüler deren Neugier auf Hintergrundwissen weckt.

Die Ausgangsfrage lautet: „Was brauchen wir und unsere Eltern *nicht* zum Leben?" (Tafelanschrieb linke Nebentafel). Es ist anzunehmen, daß jeder Verzichtsvorschlag seine Gegner findet, z. B.:
eigene Wohnung: Unabhängigkeit / Schulden statt Freizeitvergnügen... Auto: mehr Mobilität / Waldsterben,... Fernseher: Information und Zerstreuung / Sucht, ... Stereoanlage: Live-Konzerte zu teuer / Berieselung,... Kino: Seh- und Gemeinschaftserlebnis / Fernsehen genügt,... Mode: Individualität / sehr schnell „aus der Mode",... Zigaretten: Entspannung / gesundheitsgefährdend...

Unterrichtsschritt 2:
Haben oder Sein?

Hier bietet sich eine Fortführung der Eingangsfrage über einen fremdartig wirkenden Text an: Die Forschungsreise des Afrikaners Lukanga Mukara ins Innerste Deutschlands (Arbeitsblatt 1A). In Stillarbeit beantworten die Schüler die Fragen zum ausgeteilten Text.

Ergebnisse:
1. Arbeitsfron oder: Sklaven der Bedürfnisse oder: Die Deutschen machen sich durch Arbeit unglücklich usw.
2. Die Menschen, die zur Arbeit gehen, sind unfreundlich; alle haben es eilig; Chefs schelten; nur Arbeit macht die Deutschen zufrieden; sie kaufen unnütze Dinge, die sie einschließen.
3. Glück kostet nichts; zweckfreie Existenz bietet ein glückliches Leben; singend in die Welt hinausgehen (s. Tafelanschrieb).

Im Lehrer-Schüler-Gespräch werden anschließend das Thema und die Problemstellung formuliert (Tafelanschrieb): Bedürfnisse – Der Sinn des Lebens: Arbeiten, um mehr zu haben?

Unterrichtsschritt 3:
Bedürfnisskala

Die Schüler wissen nun schon, daß menschliche Bedürfnisse sowohl durch Arbeit als auch ohne sie befriedigt werden können. Es ist jetzt zu fragen, welche Bedürfnisse es in unserer Zeit gibt und in welchen Handlungsfeldern sie befriedigt werden können.
Wegen des Überblickscharakters ist ein Lehrervortrag zu empfehlen, der stichwortartig an der Tafel fixiert wird und das begonnene duale Raster fortsetzt (nach einer Idee von Lederer, Katrin / Mackensen, Rainer: Gesellschaftliche Bedürfnislagen. Göttingen 1975, S. 53). Über den Tafelanschrieb kann sich die Dualität menschlichen Handelns (Freizeit/Arbeit) visualisieren. In der Horizontalen werden nämlich Beispiele aus dem Alltag für die beiden Handlungsfelder im Unterrichtsgespräch entwickelt, so daß die Ausprägungen der Grundbedürfnisse aus Schülererfahrungen (Freizeit) bzw. Schülervorstellungen (Arbeitsbereich) konkretisiert werden.
Da im allgemeinen keine Arbeitserfahrungen vorliegen, können Hilfsimpulse für die vertikale Spalte beruflicher Bedürfnisbefriedigung über die Nennung von Berufen (z. B. Arzthelferin, Architekt, Fließbandarbeiter, Arbeit am Bildschirm, Journalisten usw.) gegeben werden.

Variante:

Auswertungshilfe kann ein Bildinfo über die Belastung Arbeitsloser sein (imu-Bildinfo Nr. 850129/12 vom 24. 1. 1985). Arbeitsanweisung wäre dann: Arbeitslose teilen mit, was ihnen durch die Arbeitslosigkeit fehlt. Findet heraus, welche Bedürfnisse nicht befriedigt werden! Gegenbegriffe zu den Aussagen über Belastungen sind: Arbeit ermöglicht Abwechslung, Lebensstandard, Sicherheit, Optimismus, Erfolgserlebnisse, Kontakte, soziales Prestige usw.

Unterrichtsschritt 4:
Grenzen ökonomischer Bedürfnisbefriedigung

Ausgangspunkt ist die Grundaussage der meisten Wirtschaftskundebücher: „Bedürfnisbefriedigung wird durch wirtschaftliche Produktion gesichert, steigende Produktion bedeutet steigende Bedürfnisbefriedigung" (zusammengefaßt bei Krümpelmann, J., a.a.O., S. 924).

In den letzten Jahren sind nun in starkem Maße historische Veränderungen sowie die ökologischen, sozialen und psychischen Grenzen dieses Verständnisses augenfällig geworden. In dieser Unterrichtsphase scheint es ratsam, die Aufmerksamkeit der Schüler durch Methodenwechsel neu anzuregen: als Material erhalten sie Karikaturen und Zahlen dargeboten (Arbeitsblatt 1B); diese Auswertung kann arbeitsteilig durchgeführt werden. Gefragt sind hier mögliche negative Folgen industrieller Bedürfnisbefriedigung als die ganze Unterrichtseinheit begleitender Problemhorizont (Tafelanschrieb).

Ergänzung:

Zur Vertiefung der Problematik empfehlen sich zu Arbeitsblatt 1B
a) Die Betrachtung der sprunghaften Entwicklung des Bedürfnisses nach Mobilität.
   Material: Die Verkehrs-Lawine (Globus Nr. 5578 vom 13. 5. 1985).
   Auswertungshinweis: 1850 fuhr jeder deutsche Bürger im Jahr 17 km, 1985 bereits ca. 10 000 km (davon 92% auf der Straße).
b) Erarbeitung und Diskussion über die relative Abhängigkeit der Bedürfnisbefriedigung von Einkommen und Vermögen. Material: Graphik „Einkommensverwendung", in: Wochenschau, S II, 5, 1984, S. 195.
   Auswertungshinweis: Mit steigender Einkommenshöhe kann eine größere Bedürfnispalette befriedigt werden (vom Existenzminimum zu Luxusartikeln).
c) Blick auf die Rohstoffreserven der Welt, deren Ende immer mehr abzusehen ist.
   Material: Reserven – wie lange noch?, in: Kreislauf der Wirtschaft. Bank-Verlag, Köln 1983, S. 30.
   Auswertungshinweis: Zink, Asbest, Silber und Nickel sind bereits in ca. 30–40 Jahren aufgebraucht, Phosphat und Braunkohle in 120 bzw. 170 Jahren. Beispiele für die Verwendung der Rohstoffe in der Güterproduktion sind anzusprechen!
d) Angaben über ein durch unsere Arbeitsgesellschaft hervorgerufenes fortschreitend früheres Rentenalter.
   Material: Wann in Rente – warum in Rente? (Globus Nr. 4886 vom 24. 10. 1983)
   Auswertungshinweis: 1/3 der Beschäftigten geht vor dem 60. Lebensjahr in Rente (Frührentner), davon über die Hälfte wegen Erwerbs- und Berufsunfähigkeit.

Je nach Interessenschwerpunkt kann dabei der eine oder andere Aspekt stärker berücksichtigt werden.

Unterrichtsschritt 5:
Mit oder ohne Auto leben?

Abschließend kann die Aporie aus dem Einstieg wieder aufgegriffen werden: Welche Bedürfnisse sind unnütz? Da eine Antwort nur geteilt ausfallen kann, schärft eine aktuelle Debatte dieser Jahre das dafür notwendige Problembewußtsein: Leben mit und ohne Auto.

Der Wirtschaftsfaktor Auto ist im Alltagsbewußtsein aller Schüler so verankert, daß eine Diskussion darüber leicht in Gang zu setzen ist. Den Impuls dafür bieten die folgenden kontroversen Texte. Beide sind zum Vorlesen geeignet, an das sich eine offene Diskussion anschließt.

Vorschlag für einen Impuls:

Auto für 450 000 DM oder Abschied vom Auto?
– 1985 wird auf der Internationalen Automobilausstellung IAA in Frankfurt von Porsche ein Auto der Zukunft vorgestellt, das in der Einzelfertigung 450 000 DM kostet. Die Firma weist darauf hin, daß ein solches Auto die Vorstellungen des Autos aus dem Jahre 2000 erfüllt.
– Im selben Jahr erscheint in der Wochenzeitung „Die Zeit" (4. 10. 1985, S. 80) ein Leserbrief, der ein Leben ohne Auto schildert: „Die Abschaffung des ach so unabhängig machenden Autos war in Wirklichkeit eine Befreiung. Sowohl finanziell (für all das Geld, das wir früher,

ohne nur einen Moment nachzudenken, zum Auspuff hinausbliesen, können wir uns jetzt Dinge leisten, die uns wirklich wichtig sind), als auch psychisch. Wir leben ruhiger, bewußter und fragen uns mit Staunen, wie wir je so gedankenlos all das angenommen haben, was Werbung und Gesellschaft als glückbringend anpreisen. Selbst das umweltfreundlichste Auto könnte uns heute nicht mehr zum Kauf reizen."

Hausaufgabe:

Den Schülern wird ein Text zur Entstehung von Güter- und Geldwirtschaft mit Leitfragen ausgeteilt (Arbeitsblatt 2).

2. Stunde: Der Wirtschaftskreislauf

Woher kommt und wohin geht unser Geld?

Fachwissenschaftliche und didaktische Vorüberlegungen

Den Schwerpunkt dieser Stunde bildet der *volkswirtschaftliche* Geld- und Güterkreislauf. Der *betriebswirtschaftliche* Kreislauf wird in Themenblock B behandelt.

Das Kreislaufdenken selbst ist eine Folge der Industriegesellschaft, in der verschiedene Wirtschaftseinheiten arbeitsteilig miteinander verzahnt sind.

Der Physiokrat Quesnay hatte im 18. Jahrhundert zum erstenmal ein *tableau économique* entwickelt; die seitherige Theoriegeschichte zeigt, daß Kreislaufvorstellungen besonders in Krisenzeiten (z. B. Weltwirtschaftskrise) Wertschätzung erfahren.

Einleitend sollen deshalb die historischen Voraussetzungen des Kreislaufmodells, abschließend dessen Perspektiven beleuchtet werden. Der Stundeneinstieg geht damit von der geschichtlichen Entwicklung von Geld- und Güterströmen aus, um auch hier unsere bestehende Wirtschaftsform als gemachte und veränderbare begreifen zu lassen.

Allerdings verlangt dieser erste Unterrichtsschritt eine stark vereinfachende Darstellung, weil er sonst den Rahmen der zur Verfügung stehenden Zeit sprengen würde.

In der letzten Stunde wurde „Autofahren" von der Bedürfnisseite her diskutiert. Das Thema kann in der heutigen Sequenz wieder aufgenommen werden, nun aber bereits in einer konkretisierten Form des Bedürfnisses nach Fortbewegung, dem Kauf eines neuen Autos (vgl. „Bedarf als konkrete Vorstellung über die Art und Weise der Bedürfnisbefriedigung"; Definition nach Krümpelmann, J., a.a.O., S. 929; s. S. 15 in diesem Heft).

Das gewählte Beispiel ist lebensnah und kann auch alle Einheiten des Wirtschaftskreislaufs abdecken. Diese sind
1) private Haushalte und 2) Unternehmen = einfacher Wirtschaftskreislauf;
3) Banken, die mit 1) und 2) arbeiten; sie nehmen einen Teil der Arbeitnehmereinkommen auf und stellen ihn als Kredit wieder zur Verfügung;
4) der Staat, der 1)–3) über Steuern, Subventionen und Beihilfen beeinflussen kann = geschlossener Kreislauf;
5) das Ausland = vollständiger Kreislauf (vgl. dazu Günter Ashauer [Hrsg.]: Grundwissen Wirtschaft, Stuttgart ²1984, bes. S. 99–103).

Erfahrungsgemäß ist das Kapitel „Wirtschaftskreislauf" für Schüler trocken und langweilig, weil die Komplexität der Wirtschaftseinheiten verwirrt und die Abstraktheit der Begriffe nicht altersgemäß ist. Folgendes könnte abhelfen: ein anschaulicher Zugang (Autokauf) und eine Aufteilung des Gesamtmodells in aufeinanderfolgende Stufen. Methodisch steht dafür das Overlay-

Verfahren mit dem Tageslichtprojektor zur Verfügung. Dabei entdecken die Schüler die Zusammenhänge der fünf Wirtschaftseinheiten über jeweilige Leitfragen selber; Lebendigkeit und Spannung entstehen, wenn Arbeitsgruppen die Einheiten vertreten und damit den Kreislauf simulieren (nach einer Idee von Heinz Klippert: Simulationsspiel zum Wirtschaftskreislauf, Unterrichtsbeispiel für die Sekundarstufe I, in: arbeiten und lernen, 30, 1983, S. 21–25).

Die kontenmäßige Darstellung des Wirtschaftskreislaufs erfolgt durch das Wiesbadener Statistische Bundesamt. Diese volkswirtschaftliche Gesamtrechnung beinhaltet Entstehung und Zusammensetzung des Sozialprodukts. Es ist sehr begriffslastig und sollte deshalb im Lehrervortrag skizziert und reduziert werden. In späteren Stunden spielt das BSP wieder eine Rolle: Veränderungen in den Wirtschaftsbereichen, Verteilung des Einkommens aus Unternehmer- und Arbeitnehmertätigkeit, Verwendung des BSP, etwa Investitionen..., so daß in der heutigen Stunde auf eine allzu intensive Beschäftigung verzichtet wird. Dagegen kann die Entwicklungslinie aus dem Einstieg aufgegriffen werden. Einen Aufhänger dafür bieten die Leistungen, die nicht ins BSP eingehen: Arbeiten aus dem „zweiten" Wirtschaftskreislauf. Es kann nach Gründen für Schwarzarbeit gefragt werden und damit gleichzeitig nach Störstellen des Kreislaufs, die insbesondere die „Krise des Steuerstaats" (Schumpeter) beleuchten.

Schließlich bietet sich noch ein Ausblick auf den informellen Bereich von Hausarbeit, Do-it-yourself-Tätigkeiten und Selbsthilfeökonomie an, der in postindutrieller Perspektive immer gewichtiger wird: mehr als die Hälfte der in der Bundesrepublik Deutschland geleisteten Arbeitsstunden entfällt bereits auf diesen Bereich! (Zahlen bei Werner Pommerehne / Bruno Frey: Die Spuren werden verwischt, in: Burgdorff, Stephan [Hrsg.]: Wirtschaft im Untergrund, Spiegel-Buch, Reinbek 1983, S. 139–152). Die Stunde wird damit für die Schüler eine „runde Sache", weil sie an die Stundeneröffnung (Historisierung der Arbeitsformen) und die letzte Stunde (Bedürfnisveränderungen) anknüpfen können.

Ziele der Stunde

Die Schüler erkennen
– die historische Bedingtheit des Modells „Wirtschaftskreislauf";
– fünf Wirtschaftseinheiten des Kreislaufs in ihrer Dynamik;
– das quantitative Ergebnis des (ersten) Wirtschaftskreislaufs: das Sozialprodukt;
– den zweiten, informellen Kreislauf.

Die Schüler erarbeiten
– die historische Entwicklung von Güter- und Geldströmen;
– wechselseitige Beziehungen zwischen den Wirtschaftseinheiten;
– die zunehmende Komplexität des Modells vom einfachen über den geschlossenen zum vollständigen Kreislauf;
– Leistungen, die nicht ins Sozialprodukt einfließen.

Die Schüler problematisieren
– aus der Arbeitsidentifikation mit einer der Wirtschaftseinheiten, welchen Entscheidungszwängen deren Träger ausgesetzt sind (Simulation);
– störanfällige Stellen des Kreislaufmodells wie Schwarzarbeit, Hausarbeit, Alternativprojekte;
– mögliche Entwicklungen der Arbeitsformen aus dem Erkennen der Dualwirtschaft.

Schulbuchhinweise:
– Gemeinschaftskunde 10. Baden-Württemberg Gymnasium. Schroedel, Hannover 1984, S. 43 (Der einfache Wirtschaftskreislauf)

- Gemeinschaftskunde Gymnasium 10. Schuljahr. Schöningh, Paderborn 1985, S. 53–56 (Der Wirtschaftskreislauf)
- P wie Politik. Gemeinschaftskunde 9. Schuljahr Realschule. Schöningh, Paderborn 1985, S. 82–84 (Der Wirtschaftskreislauf)
- Thema Politik A. 7.–10. Schuljahr. Klett, Stuttgart 1982, S. 82 (Kreislaufmodelle in Schaubildern)
- Heute und morgen. Gemeinschaftskunde Realschule Klasse 9. Klett. Stuttgart 1985, S. 51 (Wirtschaftskreislauf)

Zusätzliche Literatur:
- Hentke, Reinhard: Theorie und Praxis der alternativen Ökonomie, in: Wirtschaft und Erziehung, H. 7/8, 1985, S. 228–235
- Einfacher Wirtschaftskreislauf, Der erweiterte Wirtschaftskreislauf, in: Kleiner Wirtschaftsspiegel, 7. 9. 1985, S. 7–9
- Materialien zur politischen Bildung 3, 1983, S. 7–20 (Schaubilder!)
- Raupach, Angela: Die Schattenwirtschaft: Quelle vermehrten Wohlstands oder Ausdruck neuer Armut? in: Gegenwartskunde 2/85, S. 159–171
- Sparen – wofür? Globus-Kartendienst 0-5491 vom 4. 3. 1985
- Warum sie Schulden machen, Globus-Kartendienst 5679, in: Südt. Zeitung Nr. 211, S. 29 (13. 9. 85)
- Lippens, Walter / Schmitz-Ohlstedt, Fred: Im Kreislauf der Wirtschaft. Bank-Verlag, Köln [6]1983

Verlaufsskizze

Unterrichtsschritt 1:
Kurzgeschichte des Wirtschaftens

Die historisch zu beobachtende zunehmende Arbeitsteilung und der Einsatz von Geld als Tauschmittel erweitern einerseits Produktion und Konsumtion, beschleunigen den wirtschaftlichen Austausch, bringen andererseits aber auch Begleiterscheinungen mit sich, die mit Entfremdung und Folgekosten zu umschreiben sind. Neuerdings werden sie in veränderten Arbeitsformen kompensiert.

Der Problemhorizont zum Anfang dieser Stunde hat demnach im geschichtlichen Überblick zur Entstehung des Güter- und Geldverkehrs seinen ersten Eckposten.

Ein als Hausaufgabe vorbereiteter Text (Arbeitsblatt 2 A) wird abgerufen, die Antworten werden an der Nebentafel festgehalten:
- Autarkie (Selbstversorgung), z. B.: aus selbst gefangenen Tieren ernährten sich die Menschen und machten aus den Fellen ihre Kleider;
- Naturalwirtschaft (geldloser Tausch), z. B.: ein Jäger tauscht einen Teil seiner Wildbeute gegen Speerspitzen;
- Geldwirtschaft (Arbeit – Geld – Güter), z. B. verkauft jemand ein geschlachtetes Tier für Geld (oder seine Äquivalente) und erwirbt sich mit diesem Geld neue Speere;
(s. Tafelanschrieb).

Der Text führt zur Formulierung des Stundenthemas: „Der Wirtschaftskreislauf. Woher kommt und wohin geht unser Geld?"

Unterrichtsschritt 2:
Der Wirtschaftskreislauf: Ströme

Den Schülern wird Arbeitsblatt 2 B ausgehändigt. Es enthält die (fiktive) Situationsbeschreibung der Wirtschaftseinheiten mit Arbeitsaufträgen. Sie erfordern Identifikation mit der Rolle, Nachfragen beim Lehrer bei Fachbegriffen, Verhandeln mit den anderen Gruppen, Zahlungen und eigene Leistungen sowie Entscheidungen und deren Begründung. Nach den Gesprächen in und zwischen den Gruppen erfolgt die Berichterstattung von einem Sprecher. Es sollte darauf geachtet werden, daß dies knapp geschieht, d. h. nur die Geld- und Güterströme bzw. die getroffenen Entscheidungen erwähnt werden, damit die Schüler nicht „abschalten". Ergebnisse: s. Stundenblatt.

Unterrichtsschritt 3:
Gruppen im Wirtschaftsprozeß

Der Lehrer bereitet diesen Unterrichtsschritt mit dem Gerippe eines Wirtschaftskreislaufes vor, das er an die Tafel zeichnet. Es enthält die fünf Wirtschaftseinheiten „Staat", „Haushalte", „Ausland", „Unternehmungen" sowie „Kreditinstitute". Ein beliebiger Verbindungspfeil zwischen den Einheiten ist vom Lehrer gesetzt und gekennzeichnet, die Schüler nennen die übrigen Ströme und tragen sie auf ihr Blatt ein. Der Übersichtlichkeit halber ist zu empfehlen, Ströme von einer Einheit zu einer anderen in jeweils verschiedener Farbe zu bezeichnen (Endfassung: s. Tafelbild Mitte). Kontrollaufgabe: Erläutere den Satz „Money makes the world go round"!

Unterrichtsschritt 4:
Quantifizierung des Kreislaufs:
das (Brutto-)Sozialprodukt

Der Lehrer ergänzt den Tafelanschrieb nun durch den Begriff (Brutto-)Sozialprodukt und definiert ihn: Summe aller Güter (Autos, Strümpfe, Eiscreme ...) und Dienstleistungen (Haarschneiden, Reparaturen, Ausbildung in Schulen ...). Zum problematisierenden letzten Unterrichtsschritt kann übergeleitet werden mit der Frage, welche Leistungen im BSP nicht enthalten sind. Die Ergebnisse werden im Tafelbild rechts festgehalten.

Unterrichtsschritt 5:
Erster und zweiter Wirtschaftskreislauf

Frühere Wirtschaftslehrebücher beurteilten das Sozialprodukt vorwiegend unter quantitativen Aspekten. So wurde beispielsweise bemängelt, daß Autoschrott oder Verletzungen von Personen auch in die Berechnung eingingen bzw. Hausfrauenarbeit nicht. In der heute vielzitierten „Krise der Arbeitsgesellschaft" kommt ein weiterer Faktor hinzu: Veränderungen der Arbeitsformen, die den offiziellen, im BSP erfaßten Wirtschaftskreislauf sprengen.
Beide Problemfelder werden in der Abschlußdiskussion angesprochen.
Für die notwendig offene Pro/contra-Debatte genügen die Stichwörter Schwarzarbeit, do it yourself, Gemeinschafts- und Nachbarschaftshilfe.
Mögliche Pro-Argumente für diese Arbeitsformen wären: Zusatzeinkommen, Umgehung der hohen Steuern und Sozialleistungen (Hinweis auf die Steuerreform 1986/ 88!), Defizite im Angebot, Wertewandel hin zu mehr kreativer und sozialer Arbeit ...
Möglich Contra-Argumente: unabgesicherte Unfälle (bei Schwarzarbeit), Verstärkung der offiziellen Arbeitslosigkeit, Ausnutzung der sozial Schwachen (vgl. dazu Günter Wallraff: Ganz unten).
Zur Vertiefung des Problems „Schwarzarbeit" eignen sich folgende Zahlen aus dem in den Vorbemerkungen zitierten Spiegelbuch (Stand 1983):

– ca. 43,3 Mrd. Arbeitsstunden/Jahr werden von den 25,1 Mio. Erwerbstätigen erwirtschaftet;
– ca. 3,6 Mrd. Arbeitsstunden/Jahr werden von ca. 12% (3,3 Mio.) Erwerbstätigen in Schwarzarbeit geleistet;
– 40,8 Mrd. Arbeitsstunden/Jahr entfallen auf Hausfrauen, 7,8 Mrd. auf Hausmänner;
– 5,1 Mrd. Arbeitsstunden/Jahr werden für Gemeinschafts- und Nachbarschaftshilfe geleistet.

Das bedeutet: Der informelle Bereich überwiegt bereits den formell im BSP erfaßten Wirtschaftssektor!

Mögliche Hausaufgabe:

Zur 3. Stunde, Unterrichtsschritt 5: „Wie der Marlboro-Cowboy das HB-Männchen auf den Boden holt" (Arbeitsblatt 3). Herausarbeitung der Marketing-Konzepte von HB und Marlboro in je einer Gruppe (s. Arbeitsauftrag, Arbeitsblatt 3).

3. Stunde: Markt

Wann steigen, wann sinken die Preise?

Fachwissenschaftliche und didaktische Vorbemerkungen

„Markt" ist wohl einer der zentralen Begriffe der Wirtschaftslehre. An ihm scheiden sich die Geister: die einen preisen seine Steigbügelfunktion für immer mehr materiellen Fortschritt, die anderen machen ihn verantwortlich für eine immer weitere Kreise ziehende Verarmung bestimmter Gesellschaftsschichten (s. 4. Stunde). Wieder andere preisen ihn als Allheilmittel für alle Arten von Wirtschaftsproblemen, deren Gegner bekämpfen eine „invisible hand" als hypothetisches Konstrukt, das in der sozialen Praxis nicht besteht.

Die Funktion dieser Stunde besteht darin, daß die Schüler zunächst einmal diese polarisierten Meinungen verstehen lernen, um danach eine eigene Position dazu zu finden.

Markterfahrungen besitzen auch schon Schüler der Sekundarstufe I und sei es auch nur als Verwalter von Taschengeld, als Ferienarbeiter oder generell als jugendliche Konsumenten. Dort waren sie bereits Nachfrager oder Anbieter eines Gutes; mit diesen Elementen konstituiert sich jeder einfache Markt.

Historisch ist der Markt erst nach der Trennung von Herstellen und Verbrauchen entstanden; im „ganzen Haus" vorindustrieller Produktionsweise (Selbstversorgungswirtschaft) waren sie räumlich noch miteinander verbunden (s. dazu auch die Stundenblätter von Gertrud Waag: Arbeits- und Produktionsformen – Von der Steinzeit zur Industrialisierung. Stuttgart 1983). Produktions- und Konsumtionsbereich treten in der Fremdversorgungswirtschaft (Marktwirtschaft) räumlich und zeitlich auseinander und schaffen im Gefolge eine ganze Anzahl sich ausdifferenzierender Märkte: inzwischen unterscheidet man Gütermärkte (Konsum- und Investitionsgüter) und nach den Produktionsfaktoren auch Immobilien-, Arbeits- und Kapitalmarkt (neuerdings noch einen Informationsmarkt). In einfacher Form haben die Schüler deren Interdependenzen in der vorhergehenden Stunde kennengelernt.

Nun kann man einen Schritt weitergehen: die Lehrpläne stecken von „Funktionsweisen des Marktes" (Baden-Württemberg) bis zu Verbraucherproblematiken (Nordrhein-Westfalen) den Rahmen dazu ab. Ein zugleich sachlich und an Problemen orientierter Unterricht umfaßt beide Zielsetzungen (vgl. dazu: Kleiner Wirtschaftsspiegel 7, 1985, S. 4–7; Friedrich Wilhelm Dörge / Annegret Niebisch: Preiswettbewerb um jeden Preis? in: Gegenwartskunde 1, 1984, S. 81–90; Günter Ashauer: Grundwissen Wirtschaft, S. 87–89). Die funktionale Seite beinhaltet eine Beschreibung des Marktgeschehens, eine Systematisierung typischer Verhaltensweisen von Marktteilnehmern (Bedingungen des Markterfolgs) mit einer Skizzierung wichtiger idealtypischer Marktgesetze, vor allem die Orientierung von Anbietern und Nachfragern am Preis, einschließlich deren Prämissen Wettbewerb, Rationalverhalten und Transparenz. Die Problematisierung dreht sich um monopolistisches Marktverhalten, also eine Durchbrechung der modellhaften Annahmen in der marktwirtschaftlichen Realität.

Wie in der letzten Stunde ist der didaktische Zugriff auf den Stoff nicht leicht. Der modellartige Aufbau des Marktgeschehens ist recht trocken angelegt, seine Problematik auf einer hohen Komplexitätsstufe angesiedelt. Es ist deshalb unabdingbar, vom Einfachen in langsamen Schritt zum Schwierigen voranzuschreiten.

Gliederung der Stunde: Einstieg mit persönlichen Flohmarkterfahrungen der Schüler. Damit kommen die Ebenen des Marktmechanismus ins Blickfeld. Im zweiten Unterrichtsschritt wird das „richtige" Marktgeschehen analysiert: hier finden aperiodische, am Gewinn bzw. niederen Preis orientierte Tauschaktionen statt; die Schüler sollen aus der jeweiligen Perspektive von Anbietern und Nachfragern deren Reaktionsweisen erleben und das (idealtypische) Einpendeln des Preises erkennen. Es ist in dieser Phase überaus wichtig, kleinschrittig vorzugehen, da vor allem die isolierte Betrachtung von Nachfrage- und insbesondere Angebotsverhalten der Erfahrung nach auf Verständnisschwierigkeiten bei Schülern stößt. Hier ist es besonders die Angebotskurve (Preiserwartungen steigen bei erhöhtem Mengenangebot!), die Schülern kognitive Schwierigkeiten macht.

Als Fallbeispiel ist der Zigarettenmarkt gewählt worden. Das geschah nicht ohne Bedenken; der Einwand, damit würde problematisches Verbraucherverhalten geweckt, ist bedacht worden. Genau das Gegenteil ist jedoch intendiert; erstens sind die meisten Jugendlichen im Alter von 15–16 Jahren bereits mit ersten Rauchererfahrungen konfrontiert. Gerade in diesem Alter gehört es (noch) zu unreflektiertem Peer-group-Verhalten, wenn man raucht. Eine Offenlegung von Anbieter- und Konsumentenverhalten kann hier nur aufklärerische Funktion haben!

Auf der inhaltlichen Seite läßt der Zigarettenmarkt außerdem eine gute Bearbeitung monopolistischer Marktwirkungen zu. Der Kampf der Marktführer „Marlboro" und „HB" erhellt latente Machtkämpfe der beteiligten Konzerne und erlaubt Rückschlüsse auf unreflektiertes Verbraucherhalten und Überlegungen zu seiner Überwindung.

Die gewonnenen Erkenntnisse lassen danach für interessierte Klassen einen allgemeineren Transfer auf Kartelle und das Kartellgesetz zu.

Ziele der Stunde

Die Schüler erkennen
- Voraussetzungen einer Marktsituation, insbesondere den konträren und komplementären Wettbewerb von Anbietern und Nachfragern;
- die Funktionsweise eines idealtypischen Marktes;
- Einflußfaktoren, die den Gleichgewichtspreis von außen her verändern können;
- was ein Marktanteil ist;
- daß es viele Zigarettenmarken, aber nur wenige dahinterstehende Unternehmungen gibt.

Die Schüler erarbeiten
- den Koordinationsmechanismus eines Gleichgewichtspreises;
- Bedingungen für einen idealtypischen, homogenen Markt;
- Strategien zur Erhöhung von Marktanteilen.

Die Schüler problematisieren
- monopolistische Markttendenzen wie Kartelle, Konzentrationen und Werbemanipulationen.

Schulbuchhinweise:
- Lothar Böhnert / Heinrich Cloppenburg / Dieter Fuchs / Karin Herzig / Armin Zwerger: Gemeinschaftskunde Gymnasium 10. Schuljahr. Schöningh, Paderborn 1985, S. 57–60 (Wie soll die Marktwirtschaft funktionieren?)
- Gemeinschaftskunde 9. Schuljahr Realschule. Schöning, Paderborn 1985, S. 85–90 (Angebot, Nachfrage, Preis)
- P wie Politik. Hauptschule 7 (Baden-Württemberg). Schöningh, Paderborn 1984, S. 124–180 (Motivierendes, schülergemäßes Material zur Marktforschung von Unternehmen und Kaufverhalten von Verbrauchern)
- Gemeinschaftskunde/Wirtschaftslehre. Baden-Württemberg. Hauptschule Klasse 9. Schrödel, Hannover 1982, S. 81–90 (Markt und Preis)
- P wie Politik. Hauptschule 9. Schöningh, Paderborn 1985, S. 93–101 (Funktionsweise eines Markts)

- Gemeinschaftskunde 10. Gymnasium (Baden-Württemberg). Schrödel, Hannover 1984, S. 46–48 (Wie funktioniert die Marktwirtschaft?, inkl. Fallbeispiele vom Börsenmarkt und dem internationalen Automarkt)
- arbeiten und wirtschaften 7/8. Klett, Stuttgart 1982, S. 6–23 (Umfangreiche, bildunterstützte Materialien, v. a. auch zu Marktverzerrungen und zum Verbraucherverhalten)
- Heute und morgen. Gemeinschaftskunde Realschule Klasse 8. Klett, Stuttgart 1982 und 1985, S. 140–142 (nur 1982) (Güterlehre) bzw. S. 149–160 (1982) und S. 52–61 (1985) (Markt, Angebot und Nachfrage, Preisbildung und Unternehmenskonzentration)

Zusätzliche Literatur:
- Kleiner Wirtschaftsspiegel H. 7, 1985, S. 4–7 (Gesamtüberblick)
- Helmut Seifried: Der Marktpreis, in: Wirtschaft und Gesellschaft im Unterricht, 3, 1984, S. 92–99 (Unterrichtsentwurf mit berufspraktischen Fragestellungen)
- Alf Lüdtke: Formen des Austausches, in: Sozialwissenschaftliche Informationen, 14, 1985, S. 5–10 (Interpretationen des Marktgeschehens von Adam Smith über Karl Marx und Max Weber bis zum heutigen Sachverständigenrat)

Verlaufsskizze

Unterrichtsschritt 1:
Persönliche Flohmarkterfahrungen

Mit persönlichen Erfahrungen der Schüler vom Flohmarkt ist ein leichter Einstieg möglich. Der Lehrer stellt der Klasse folgende Fragen:
- Welche Erfahrungen habt ihr als Käufer und Verkäufer auf einem Flohmarkt gemacht?
- Welche Interessen verfolgen Käufer und Verkäufer auf einem Flohmarkt?
- Auf dem Flohmarkt ist auch ein Preis für den Standplatz („Immobilienmarkt") zu zahlen; welche anderen Märkte kennt ihr?

Bei dieser Stundeneinleitung werden keine präzisen Begriffe erwartet; die Schüler sollen in ihren eigenen Worten ihre Erfahrungen schildern. Die Aufgabe des Lehrers besteht lediglich darin, daß möglichst alle Ebenen des Marktmechanismus angesprochen werden: zumindest Angebot, Nachfrage, Preisentwicklung, Beschaffenheit der Waren, Werbemethoden.

Bei der dritten Frage wird der Lehrer ggfs. bei der Systematisierung helfen (s. Tafelbild, linke Seite).

Anschließend führt der Lehrer zum Stundenthema „Markt. Wann steigen, wann sinken die Preise?" über.

Hinweis für den Lehrer:

Wird für den Einstieg eine Text- oder Bildunterstützung benötigt, so kommen folgende zwei Quellen in Frage:
- Andreas Lorenz / Georg Weißeno / Gerhard Willke: Märkte: Vom Flohmarkt zum Marktmechanismus. Skizze einer Unterrichtsreihe für die Sekundarstufe I (Klasse 9/10), in: Sozialwissenschaftliche Informationen 14, 1985, H. 1, S. 55–62 (authentischer, unkorrigierter Bericht eines 17jährigen Jungen als Verkäufer auf einem Flohmarkt)
- Coscinny/Uderzo: Obelix. GmbH & Co. KG. Großer Asterix-Band XXIII, Delta-Verlag, Stuttgart 1968 (Nachdruck 1985), S. 19

Unterrichtsschritt 2:
Nachfrage, Angebot, Gleichgewichtspreis

Nun kann ein Markt genauer unter die Lupe genommen werden. Methodisch werden dazu Beispiele aus einer hypothetischen Praxis mit Begriffen des idealtypischen Marktes parallelisiert. Die 1. Aufgabe (Arbeitsblatt 3 A) soll in erster Linie die Nachfrage- und Angebotsfunktion klären. Aus motivierendem und lerntechnischem Anlaß ist ein Lückentext gewählt worden, der nach dem Ablesen von Nachfrage- und Angebotskurve sowie der Bestimmung des Gleichgewichtspreises vervollständigt wird. Der ökonomischen Realität entsprechend werden lineare Zusammenhänge der Preis-/Mengen-Kombination vermieden; die Kurven verlaufen asymptotisch.

Antworten in die Lücken:
1 a): (2,70 DM) – 7 Millionen Packungen; 3,60 DM – 2,5 Millionen Packungen
1 b): (3,00 DM – 3 Millionen Packungen; 3,90 DM – 6 Millionen Packungen
1 c): Ein Hersteller, der die Packung Zigaretten unter 3,30 DM verkauft, erzielt den besten Gleichgewichtspreis.
Eine Angebotsmenge von knapp 4 Millionen Packungen Zigaretten wird am ehesten auf dem Markt nachgefragt.

Nach dem Ausfüllen der Lücken systematisiert der Lehrer die gewonnenen Erkenntnisse mit Merksätzen, die in eine strukturierte Tafelskizze eingehen (s. Tafelbild, verändert und ergänzt nach einer Idee von Heinrich Habig: Märkte und Marktarten, in: Wirtschaft und Gesellschaft im Unterricht 1, 1982, S. 5–14, hier: S. 8). Die Wiederaufnahme von Begriffen aus der letzten Stunde festigt die dort erworbenen Kenntnisse.

Unterrichtsschritt 3:
Kalkulation auf einem idealtypischen Markt

Mit der 2. Aufgabe (Arbeitsblatt 3A) wird der Schritt zur analytischen Betrachtung der Funktionsweise des Markts vollzogen. Es geht hier um den radikal vereinfachten Fall eines (fiktiven) Zigarettenfabrikanten, der den Preis (Spalte 1), eine Absatzmenge (Spalte 2), den Ertrag (Spalte 3), seine Produktionskosten (Spalte 4) und einen möglichen Gewinn (Spalte 5) bei seinen Überlegungen ins Kalkül zieht. Die Reaktionen der Nachfrageseite sind über die Preismodifikationen mit einbezogen.

Ein Auswertungsbeispiel: Bei einem Preis von 4,20 DM (Spalte 1) wird eine Absatzmenge von 1,5 Millionen Packungen (Spalte 2) abgesetzt. Erklärung: Mehr fragt der Markt bei diesem hohen Preis nicht nach; ein Vergleich zur (isoliert betrachteten!) Angebotskurve von Aufgabe 1 b) dieses Arbeitsblattes wird hier erhellende Wirkung haben. Damit ergibt sich ein Erlös von 6,3 Millionen DM (Spalte 3). Zieht man davon die 3 Millionen DM Herstellungskosten (Spalte 4) ab, kommt man zum Gewinn von 3,3 Millionen DM (Spalte 5). Im vertikalen Vergleich innerhalb der Spalte 5 sehen die Schüler sofort, daß diese Preis-/Mengenkombination am wenigsten Gewinn abwirft. Dagegen würde beim Preis von 3,– DM und einer Absatzmenge von 5 Mio. Packungen die höchste Gewinnspanne erzielt.

Anmerkung zum Zahlenmaterial: Viele Schüler wird die hohe Gewinnspanne verwundern; vom Lehrer wird darauf hingewiesen, daß vom Gewinn noch eine relativ hohe Tabaksteuer abzuführen ist.

Variante:

Bei genügend Zeit und bei niedrigem Lernniveau der Klasse können die Spalten 3 und 4 der Tabelle auch von den Schülern selber berechnet werden. Zu diesem Zweck löscht der Lehrer vorher die Ergebnisse der Spalten in der Kopiervorlage. Hinweise zur Berechnung: Den Ertrag erhält man durch Preis mal abgesetzte Menge, die Gesamtkosten durch Herstellungskosten je Packung (2,– DM) mal Menge, den Gewinn durch Ertrag minus Gesamtkosten.

Unterrichtsschritt 4:
Das Marktmodell und seine Voraussetzungen

Der Lehrer betont nun in einer kurzen Darstellung, daß das (vollkommene) Marktmodell nur unter bestimmten Voraussetzungen funktioniert (s. Tafelbild):
1) Der Wettbewerb muß funktionieren, d. h., es muß viele Anbieter und viele Nachfrager geben.
2) Nachfrager und Anbieter verhalten sich zweckmäßig; sie kaufen mehr bei sinkenden Preisen bzw. erhöhen ihre Angebotsbereitschaft bei steigenden Preiserwartungen.
3) Die Märkte müssen für alle zugänglich und durchsichtig sein.

4) Produkte sollten den gleichen Inhalt und die gleiche Darbietung haben („Unterschiedslosigkeit der Güter").

Im folgenden Unterrichtsgespräch vergleichen die Schüler diese theoretischen Annahmen mit Beispielen aus unserer Wirtschaftswirklichkeit und halten dies auch im Heftaufschrieb fest (s. Tafelbild).
Folgende Feststellungen aus dem Erfahrungsbereich von Schülern wären möglich (s. rechte Tafelhälfte).

zu 1): In vielen Produktbereichen sind Marktkonzentrationen festzustellen, z. B. in der Unterhaltungselektronik, auf dem Motorradsektor, auf dem Waschmittel- und Nähmaschinenmarkt ... (s. dazu: Marktmacht wo? in: Geno-Magazin 2, 1982, S. 19; jährlich aktualisiert im Globus-Kartendienst)

zu 2): Das Rationalverhalten der Nachfrager wird durch Werbung (Bsp. Kleidung), das der Anbieter durch unverbindliche Preisempfehlungen (z. B. bei Kosmetika) unterlaufen.

zu 3): Boden- und Ladenpreise sind sehr hoch bzw. von „Ketten" kontrolliert (Bsp.: Großwarenhäuser in den Innenstädten).

zu 4): Oft ist eine scheinbare Produktdifferenzierung zu beobachten („Waschmittel-Effekt").

An dieser Stelle ist es angebracht, auf die Funktionen von Verbraucherberatungsstellen hinzuweisen.

Unterrichtsschritt 5:
Wie der Marlboro-Cowboy das HB-Männchen auf den Boden holt

Zwei Gruppen in der Klasse haben die Marktstrategien von HB und Marlboro in häuslicher Vorbereitung untersucht (Arbeitsblatt 3 B). Fragen: Mit welchem Konzept sind HB bzw. Marlboro die erfolgreichsten deutschen Zigarettenmarken geworden? Grundlage für jeweils spannende Hintergrundgeschichten sind zwei stark gekürzte Berichte von Gunhild Freese (Die Zeit Nr. 16 vom 13. 4. 1985, S. 32 bzw. Die Zeit Nr. 24 vom 7. 6. 1985, S. 25), die das historische und aktuelle Rennen der beiden Marktführer analysiert.
Zu den jeweiligen Antworten sollte gehören:
HB:
– Werbeslogans, die Neues, Eigenes, Konsum und Genuß betonen (Zeitgeist der 50/60er Jahre!);
– „Marke der Mitte": im alten und neuen Mittelstand sowie bei Jugendlichen überrepräsentiert;
– Anpassungen an das Marktgeschehen – zuerst an Leichtzigaretten im Zuge bewußteren gesundheitlichen Verhaltens, dann an einen Umschwung zu kräftigeren Tabakmarken.
Marlboro:
– Werbeslogans, die das Bewußtsein der 80er Jahre widerspiegeln sollen: Anregung zu Sensibilität, Individualität, zu „Freiheit und Abenteuer", zu Naturnähe und körperlicher Kraft;
– Kontinuität für das Produkt: der Geschmackstyp blieb immer unverändert;
– Internationalität;
– Höherer Preis verspricht Exklusivität („Es war schon immer teurer, einen besonderen Geschmack zu haben").

Ergänzung:
Der Kampf auf dem Zigarettenmarkt wird Ende der 80er Jahre schärfer. Erste Schadensersatz-Prozesse wegen gesundheitsschädigender Wirkung bei Rauchern stehen in den USA ins Haus (s. Die Zeit Nr. 51 vom 13. 12. 1985, S. 21), andererseits wirbt besonders die am meisten Marktanteile verlierende Firma Reemtsma aggressiv um neue Raucher mit der Devise „Ich rauche gern!" (s. Die Zeit Nr. 48 vom 22. 11. 1985, S. 25).
Zwei Angaben zur Gesundheitsschädigung: laut Berechnungen der DAK sterben jährlich in der Bundesrepublik ca. 144 000 Menschen an den Folgen übermäßigen Rauchens; die Lebenserwartung

eines Rauchers verkürzt sich um durchschnittlich 8,5 Jahre (Stand 1985).

Unterrichtsschritt 6:
Monopolverhalten auf dem Zigarettenmarkt

Mit den analysierten Marktstrategien können die Schüler die Entwicklung der Marktanteile bei Zigaretten insgesamt beurteilen (s. unten, Vorschlag für eine Folie).
Antworten auf die Erschließungsfragen:

1) Marlboro, West, Camel, R 6.
2) West und Camel passen ins „Anregungs"-Konzept des seit 1985 den Markt anführenden Marlboro-Konzerns Phillip Morris. R 6 ist eine Leichtzigarette, die vor allem bei (gesundheitsbewußten) Frauen im Trend liegt.
4) West und R 6 werden neu auf den Markt gebracht, um verlorene Marktanteile für Reemtsma zurückzuerobern. Als bedeutendster deutscher Zigarettenfabrikant wirft die Firma Reemtsma ab Ende 1985 noch eine weitere Marke, R 1, auf den Markt und wirbt dafür aggressiv „Ich rauche gerne!"
5) – Von einem funktionierenden Wettbewerb kann nicht gesprochen werden, da der Zigarettenmarkt zwar ein großes Markenspektrum bietet, dies jedoch zu 95,3% von 5 Großfirmen kontrolliert wird (Angabe nach: Die Zeit, Nr. 26, 1986, S. 24).
– Viele Zigarettenkäufer kaufen „unzweckmäßig" nach der Devise „Es war schon immer

Vorschlag für eine Folie
(3. Stunde, Unterrichtsschritt 6)

Marktanteile der zehn größten Zigarettenmarken in Prozent

Marke/Firma	April 1973	1985	Veränderung
HB/B.A.T	19,9	14,8	−5,1
Marlboro/Philip Morris	2,6	16,4	+13,8
Lord Extra/Brinkmann	19,9	6,4	−13,4
Peter Stuyvesant/Reemtsma	9,8	5,5	−4,3
West/Reemtsma	–	4,7	+4,7
Camel/Reynolds	3,5	7,7	+4,2
Ernte 23/Reemtsma	13,3	4,6	−8,7
Reval/Reemtsma	7,1	3,4	−3,7
R 6/Reemtsma	–	3,4	+3,4

(Daten nach:
– Der Stern 26, 1981, S. 156
– Die Zeit 6, 1986, S. 24
– Der Spiegel, 26, 1986, S. 59)

Arbeitsaufträge:
1. Welche Marken konnten ihre Marktanteile vergrößern?
2. Welche Erklärung findest Du dazu?
3. Schaut Euch die Marken der Firma Reemtsma an, und sucht sie auf der Tabelle Marktanteile wieder auf. Was fällt auf?
4. Warum hat die Firma Reemtsma wohl die beiden neuen Marken R 6 und West bis Mitte der 80er Jahre auf den Markt gebracht?
5. Warum kann man sagen, daß alle vier Voraussetzungen des idealen Marktmodells (s. Tafelanschrieb) nicht mehr auf den heutigen Zigarettenmarkt zutreffen?

teurer, einen besonderen Geschmack zu haben".
- Anbieter von Billigzigaretten warfen das Handtuch (s. Waiblinger Kreiszeitung vom 31. 12. 1985: „Günter Sieffert GmbH aufgelöst. Zeit von Billigbier und -zigaretten ist vorbei").
- Produktvielfalt und -originalität ist bei Marktkonzentration nicht gegeben. Die Zigarettenwerbung suggeriert Unterschiedlichkeit, obwohl bei Teer- und Nikotinwerten im allgemeinen nur geringe Differenzen bestehen.

Hinweis für den Lehrer:

Die Schüler dürfte es interessieren, zu welcher der fünf deutschen Zigaretten-Großhersteller bestimmte Marken gehören. Dazu eine Liste, die eine Zuordnung ermöglicht. Damit kann Kaufverhalten transparenter gemacht werden:

Unternehmen	Marke
- Reemtsma Tabak- und Zigarettenfabriken GmbH, Hamburg	West, R 6, R 1, Juno, Stuyvesant, Ernte 23, Reval, Roth-Händle, Atika, California
- Brinkmann AG Bremen	Lord Extra, Lux, SI, Peer Export/100, Dunhill, Chesterfield
- BAT Cigarettenfabriken GmbH, Berlin/Hamburg	HB, Krone, Cortina Nr. 2, Kim, Auslese, Gold Dollar, Kent, Pall Mall, Benson & Hedges, Simona
- Phillip Morris GmbH, München	Marlboro, Merit, L & M, Phillip Morris
- Reynolds Tobacco, GmbH, Köln	Camel, Overstolz, Reyno

(vgl. dazu: Lothar Marg: Ein Markt wird untersucht, in: a + 1, 30, 1983, S. 36)

Ergänzung:

Am wirtschaftlichen Leben interessierte Klassen können die Problematik von Kartellen und Kartellgesetz erarbeiten. Unterrichtshilfen dazu werden angeboten bei: Erwin Pils: Die Preisbildung beim Angebotsmonopol, in: Wirtschaft und Gesellschaft im Unterricht 5, 1984, S. 154–161; Horst W. Stierand: Kartelle, in: Wirtschaft und Gesellschaft im Unterricht 3, 1984, S. 103–109 und Helmut Cox: Preismißbrauchsaufsicht als ultima ratio der Wettbewerbspolitik, in: Gegenwartskunde 3, Sonderheft 1982, S. 29–45.

Für eine Fallbearbeitung geeignet ist die AEG-Übernahme durch die Daimler-Benz-AG 1985/86. Brauchbares Material, das der Lehrer je nach Zeit und didaktischer Intention zusammenstellt, findet sich im Spiegel 5, 27. 1. 1986, S. 75–77.

Mögliche Hausaufgabe:

Untersuche die Entwicklung im Ausstattungsgrad mit Gebrauchsgütern 1962–1983 sowie den Umfang und Inhalt des sozialen Netzes 1986 (s. Vorschlag für ein Arbeitsblatt mit Bearbeitungsfragen, S. 34).

4. Stunde:
Ergebnis unseres Wirtschaftens

Wohlstand und „Neue Armut"?

Fachwissenschaftliche und didaktische Vorbemerkungen

Ist vom gleichen Land die Rede?
In der Presse hören wir Erfolgsmeldungen von den vier Weisen und über die Jahresgutachten der Bundesregierung, daß die Entwicklung zu Optimismus Anlaß gibt. Dieselbe Presse meldet Schlagzeilen wie „Auch in Iserlohn leiden Menschen Hungersnöte" (Westfalenpost). Alle reden von der bundesrepublikanischen Wirklichkeit. Unbestreitbar stellen beide Meinungen wahre Ausschnitte dieser Realität dar. Für beide sprechen allein schon ausgewählte Zahlen.

Einerseits:
- Bis Mitte der 80er Jahre stiegen die verfügbaren Einkommen der privaten Haushalte auf über 1 Billion Mark, womit sich ein monatliches Durchschnittseinkommen von ca. 3400 DM ergibt; die Steuereinnahmen des Staats belaufen sich auf über 400 Mrd. DM (Süddeutsche Zeitung vom 28. 10. 1985, imu 851025);

- in der Bundesrepublik Deutschland gab es 1980 über 10 000 Einkommens-Millionäre und 67 000 Vermögensmillionäre (Globus-Kartendienst 54220 vom 7. 1. 1985);
- beim Geldvermögen wurde 1984 die zweite Billion erreicht (Globus-Kartendienst 5637 vom 24. 6. 1985);
- Der Ausstattungsgrad der Haushalte an langlebigen Gebrauchsgütern ist bei Telefon, Waschmaschinen, Staubsaugern, Kühlschränken und Fernsehgeräten Mitte der 80er Jahre auf jeweils über 90% geklettert;

also: Wohlstands-Sättigung allenthalben?

- In den letzten zwanzig Jahren hat sich der Aufwand für Sozialleistungen in der Bundesrepublik Deutschland versechsfacht;
- etwa ein Drittel des Bruttosozialprodukts wird für die Erhaltung des sozialen Netzes aufgewandt;

also: Erfüllung des Sozialstaatspostulats?

Andererseits:
- Die Sozialabgaben betragen inzwischen durchschnittlich 1/3 der Bruttoverdienste;
- die Zahl der Armen nimmt ständig zu: um 15% etwa von 1981 bis 1983. Die Schätzungen schwanken zwischen 2,5 und 5 Millionen Menschen, die auf Sozialhilfeniveau leben müssen – je nachdem, ob man „nur" Sozialhilfe-Empfänger (1985: 2,8 Mio.) oder auch die stille Arbeitsmarktreserve (ca. 1 Million Personen) und die Nichtinanspruchnahme von Sozialhilfe (empirische Hochrechnungen kommen auf 50%!) dazuzählt (s. Die Zeit Nr. 7 vom 8. 2. 1985, S. 3; Die Zeit Nr. 22 und 23 vom 24. bzw. 31. 1. 1985, S. 23–26 und Die Zeit Nr. 5 vom 23. 1. 1987, S. 11–16).

Mit beiden Tatsachen unserer Wirtschaftsordnung leben wir, beide sind als objektive Lebensbedingungen im Unterricht analysierbar. Trotzdem sollten wir uns durch objektivierbare Daten nicht täuschen lassen; ihnen sind zweifach Grenzen gesetzt:

1. Objektive Lebensbedingungen lassen sich nur im Zusammenhang mit subjektivem Wohlbefinden verifizieren; so kann ein Vermögens-Millionär unglücklich, ein Sozialhilfe-Empfänger dagegen recht zufrieden leben (s. Berichte in Die Zeit, a.a.O.).
2. Reichtum und Armut müssen sich am Sozialstaatspostulat des Grundgesetzes (Art. 20,1 und 28,1) messen lassen. Es ist also danach zu fragen, ob der sozialstaatliche Anspruch in der gesellschaftlichen Realität eingelöst ist.

Wir können uns dazu die Einkommens- und Vermögensstruktur in der Bundesrepublik Deutschland ansehen wie auch die Absicherung eines menschenwürdigen Daseins durch Sozialleistungen.

Meinhard Miegel, der Leiter des Bonner Instituts für Wirtschafts- und Gesellschaftspolitik, stellte in einem aufsehenerregenden Handelsblatt-Aufsatz Anfang der 80er Jahre fest, daß der Gleichmut der großen wohlhabenden Mehrheit gegenüber der relativ verarmenden Minderheit bestürzend sei. Eine Sensibilisierung sowohl für die sozialen Tatsachen als auch für die Einstellung dazu ist in unserer sozialstaatlich verfaßten Gesellschaft ein wichtiges erzieherisches Ziel. Es ist ein Prüfstein, inwieweit das Grundgesetz ernstgenommen wird. Oberstes Verfassungsgebot ist ja die Sicherung eines menschenwürdigen Daseins im Artikel 1. Dies soll in der Praxis gewährleistet werden durch ein System sozialer Sicherungen, das Risiken wie Alter, Invalidität, Krankheit, Arbeitslosigkeit und sonstige soziale Härtefälle (z. B. Lastenausgleich für Flüchtlinge, Obdachlosenhilfe usw.) abdeckt. Dafür stehen Sozialversicherungen (ca. 70% des Sozialbudgets), Arbeitgeberleistungen (z. B. Lohnfortzahlungen in Höhe von etwa 8%), Entschädigungen (Lastenausgleich, ca. 4%). Sozialdienste (z. B. Jugendhilfe, ca. 9%) und indirekte Leistungen (Steuervergünstigungen, ca. 9%) bereit. (Zahlen aus: Helmut Hartmann: Lücken des Sozialstaats. Funktionen und Grenzen der Sozialhilfe, in: Sozialwissenschaftliche Informationen 12, 1983, H. 2, S. 101–107, hier: S. 102).

Sollte das Sozialversicherungssystem im Einzelfall nicht ausreichen, springt die Sozialhilfe ein. Hier ist in den letzten 15 Jahren aus der vermeintlich individuellen Verursachung das strukturelle Prinzip deutlicher hervorgetreten. Waren früher besonders ältere und gebrechliche Menschen bedürftig, so sind es heute zunehmend Arbeitslose, kinderreiche Familien, Jugendliche, Asylbewerber und Haftentlassene. Die Ausgaben für Bedürftige erhöhten sich von 3 Milliarden DM in 1970 auf ca. 20 Mrd. in 1985; von 1970 auf 1980 bezogen 80% mehr Personen „Hilfe zum Lebensunterhalt". Ein „Leben in Würde" ist gleichwohl immer weniger möglich. Bereits während der sozialliberalen Koalition wurde der Regelsatz für Sozialhilfe eingefroren, so daß der Realwert 1984 nur dem von 1972 entsprach (!).

Mit der „Operation '82" folgte ein weiterer Einschnitt in die Sozialleistungen (s. dazu Rubrik „Abbau der Sozialleistungen 1982–1984", in: Die Zeit Nr. 22 vom 24. 5. 1985, S. 26). Es wird zu fragen sein, warum sich dieses harte Sozialklima in der Öffentlichkeit durchsetzen läßt, obwohl Soziologen wie Helmut Klages schon ein bitteres Ende heraufziehen sehen: „Die Idee des Wohlfahrts- oder Sozialstaates befindet sich an der Schwelle des Scheiterns." (H. Klages: Überlasteter Staat, verdrossene Bürger. Frankfurt 1981, S. 72).

Die Didaktik der Stunde versucht also, die Schokoladenseite unseres Wirtschaftens mit seinen Schattenseiten zu kontrastieren. Dabei finden sowohl Längsschnittentwicklungen wie synchrone Zustandsbeschreibungen ihren Platz im Materialangebot. Nicht zuletzt ist ein Ausblick auf die Rentenproblematik der Zukunft angebracht.

Inhaltliche Schwerpunkte sind der Wohlstandsbegriff im allgemeinen (Einstieg). Er bereitet ein zu analysierendes Datenmaterial über die positiven materiellen Entwicklungen in der Bundesrepublik Deutschland vor, das von sozialstaatlichen Absicherungen ergänzt wird. Erste Beurteilungen sind möglich über die Infragestellung einer sozialstaatlichen „Anspruchinflation". Diese Problematisierung wiederum leitet über zur Analyse und Diskussion des Begriffs „Neue Armut". Bei wirtschaftlich interessierten Schülern kann im Vorgriff einer detaillierten Behandlung der Marktwirtschaft bereits hier eine notwendig offene Bilanzierung erfolgen.

Ziele der Stunde

Die Schüler erkennen
- postive und negative Daten unserer Wohlstandsgesellschaft;
- die Eckpfeiler sozialstaatlicher Sicherungen.

Die Schüler erarbeiten
- objektive und subjektive Kriterien zur Bestimmung von Wohlstand;
- die Verteilung des erarbeiteten Wohlstands anhand ausgewählter Sozialindikatoren;
- Vor- und Nachteile unseres sozialen Sicherungssystems;
- Daten aus der Sozialhilfe und setzen sie in Beziehung zu Einzelfällen.

Die Schüler problematisieren
- Gründe für hohen Lebensstandard einerseits, Zunahme der Sozialfälle andererseits;
- Grenzen des bundesdeutschen Sozialstaatspostulats.

Zusätzliche Literatur:
- Julia Harrendorf: Vom Umgang mit dem Sozialstaat. Rowohlt, Reinbek 1982 (Fallbeispiele)

- Jürgen Roth: Es ist halt so. Rowohlt, Reinbek 1982 (Praxis der Sozialhilferegelungen)
- Wolfgang Glatzer / Wolfgang Zapf: Lebensqualität. Campus, Frankfurt 1984 (Gegenüberstellung von objektiven Daten und subjektivem Wohlbefinden)
- Einkommen und Vermögen in der Bundesrepublik Deutschland. Wochenschau Nr. 5, 1984 (Sek. II) (Unterrichtshilfen)
- Sozialwissenschaftliche Informationen für Unterricht und Studium, 3, 1985, Thema: Armut und Fürsorge (breites Angebot an theoretischen und auf die Praxis bezogenen Texten)
- Heinz Klippert: Materialien zum Thema „Neue Armut in der Bundesrepublik", in: arbeiten und lernen, 46, 1986, S. 50f. (nimmt die a.a.O. zitierten Zeit-Artikel von 1985 als Grundlage; dazu: Thesen und Antithesen zur „Neuen Armut")
- Alfred E. Ott: Null-Wachstum. Unvermeidlich oder gar erwünscht?, in: Der Bürger im Staat, 1980/4, S. 225–229

Verlaufsskizze

Unterrichtsschritt 1:
Wohlstandskriterien

Ausgangsfrage für unstrukturierte Antworten ist: „Was verstehst du unter Wohlstand?" Mögliche Antworten: siehe Tafelbild.
Als Gegensatz zu diesen Bestimmungen wird den Schülern mitgeteilt, daß Mitte der 80er Jahre in der Bundesrepublik Deutschland mindestens 2,5 Millionen Menschen offiziell als „arm" gelten (inoffiziell bis 5 Millionen, wenn nicht in Anspruch genommene Arbeitslosen- oder Sozialhilfe dazukommt). Arm ist, wer mit Mitteln auskommen muß, die unter das oder nur bis zum Existenzminimum reichen; arm ist jedoch auch, wer bei seinen Lebenschancen benachteiligt ist. Arm bedeutet auch: keine Achtung von anderen erfahren.
Anschließend leitet der Lehrer zum Stundenthema und zur Problemfrage über.

Alternative:

Auch aktuelle Zeitungsmeldungen zur „Neuen Armut" sind zur Problemeinführung geeignet.
Das Nebeneinander von Wohlstand und Armut verdeutlicht bestens ein Foto aus Die Zeit, Nr. 22 vom 24. 5. 1985, S. 25: es präsentiert einen Mann, der in einem unmittelbar neben einem Schnellimbiß stehenden Müllcontainer nach Verwertbarem sucht. Vermutungen über den Inhalt seiner Suche und die Identität seiner Person sollten von den Schülern geäußert werden. Das Ergebnis: Suche nach Lebensmitteln in einer ansonsten saturierten Wegwerfgesellschaft.

Unterrichtsschritt 2:
Wohlstandsdaten

In der Hausaufgabe haben die Schüler zwei „Wohlstandsskalen" bearbeitet (s. S. 34). Die eine zeigt die diachrone Entwicklung im Ausstattungsgrad mit langlebigen Gebrauchsgütern 1962–1983 (nach Angaben aus Schmidt-Zahlenbilder Nr. 292510, 99/1984 und: Kleiner Wirtschaftsspiegel, 10, 1986, S. 1). Viele Dinge, die früher als Luxus galten, sind heute für die große Mehrheit der Bevölkerung erschwinglich.
Die zweite veranschaulicht das Ausmaß des sozialen Netzes 1986, das vom Volumen her bereits über 500 Mrd. DM umfaßt. Bearbeitungsfragen sind den Materialien beigefügt.

Schülerantworten zu 1.:
1. Neun von zehn Haushalten besitzen einen Telefonanschluß, ein Viertel eine Geschirrspülmaschine.
2. Gefriertruhen, Telefone und Geschirrspüler kamen 1962 noch nicht über 20%-Anteil hinaus.
3. Geschirrspüler, Videogeräte, (Bügelmaschinen, Wäschetrockner) ...

Schülerantworten zu 2.:
Z. B.: Kindergeld, Krankenscheine, Wohngeld, Ausbildungsförderung, ...
Der Lehrer faßt die wichtigsten Ergebnisse im Tafelbild zusammen (s. Rubrik „Wohlstandsdaten").
Anschließend weist der Lehrer in einem kurzen Exkurs darauf hin, daß die in diesem

Vorschlag für ein Arbeitsblatt (Hausaufgabe)
(4. Stunde, Unterrichtsschritt 2)

---

1. Ausstattungsgrad mit langlebigen Gebrauchsgütern 1962–1983

Von 100 Haushalten waren ausgestattet mit

Gebrauchsgut	1962	1983	(1985)
Telefon	14 %	88 %	94 %
Pkw	27 %	65 %	93 %
Waschmaschine	34 %	83 %	98 %
Gefriergerät	3 %	65 %	70 %
Geschirrspülmaschine	7 %	24 %	41 %
Fernsehgerät	36 %	94 %	
Videorecorder	0 %		20 %

(Nach: Zahlenbilder Nr. 292510 und: Kleiner Wirtschaftsspiegel, 10, 1986, S. 1)

Bearbeitungsfragen:
1. Lies die Statistik für das Jahr 1983, und mache mindestens 2 Aussagen!
2. Welche Haushaltsgüter waren 1962 noch nicht selbstverständlich?
3. Welche Gebrauchsgüter sind heutzutage noch wenig verbreitet?

2. Das soziale Netz 1986

Die staatlichen Sozialleistungen betrugen 1986 über 500 Mrd. DM; davon waren

Sozialleistung	Betrag in Mrd. DM (Schätzung)
Rentenversicherung	179,6
Krankenversicherung	118,5
Arbeitslosenversicherung	43,7
Lohnfortzahlung	27,3
Sozialhilfe	23,5
Kindergeld	14,6
Kriegsopferversorgung u. ä.	13,8
Jugendhilfe	7,9
Wohngeld	3,1
Ausbildungsförderung	0,5

(nach Globus Nr. 6192; Auszüge)

Bearbeitungsfrage:
Welche Leistungen kommen Dir bzw. Deiner Familie direkt zugute?

Unterrichtsschritt analysierten Sozialindikatoren kritischen Einwänden unterliegen:
- Die Verteilung der Güter ist ungerecht: Beamte, Angestellte und Selbständige sind besser als Arbeiter und Rentner ausgestattet. Bsp.: Über die Hälfte der Selbständigenhaushalte verfügen über 6000 DM/Monat, während dies nur für knapp 10% aller Haushalte gilt (Quelle: Schmidt-Zahlenbilder Nr. 286276, 83/1985).
- Das soziale Netz wird oft als „soziale Hängematte" mißverstanden bzw. die Ansprüche an dieses Netz inflationieren. Bsp.: Ärzte verschreiben oft Leistungen, die dem Wesen nach privat zu tragen sind, um keine Patienten zu verlieren (vgl. dazu einen Stern-Bericht, Nr. 40, 1976, S. 222f.).

Die wichtigsten Stichworte des Lehrervortrags werden unter „Einwände" im Tafelbild festgehalten.

Ergänzung:

Ist die Geschichte der Sozialgesetzgebung noch nicht behandelt, kann sie in kurzen Zügen anhand einer Globus-Graphik (Der Weg zum sozialen Staat, Globus, Nr. 4074) oder ein Abriß zur Sozialpolitik (Michael Jungblut: Die Bombe im Sozialetat, in: Die Zeit, Nr. 48 vom 26. 11. 1982, S. 25) besprochen werden.
Stationen:
1881: „Kaiserliche Botschaft": Beginn der Arbeit an Sozialgesetzen
1883–1911: Kranken-, Unfall-, Alters-, Invaliden- und Rentenversicherung
1927: Arbeitslosenversicherung
1933: Abschaffung der Selbstverwaltung der Sozialversicherung
1957: Dynamische Rente
1970: Lohnfortzahlung bei Krankheit für alle Arbeitnehmer

Unterrichtsschritt 3:
Sozialhilfe: Zahlen und Rechtsbestimmungen

Wir können dazu übergehen, die Situation der Dropouts unserer Gesellschaft zu beleuchten. Um das Ausmaß der Bedürftigkeit und einige gesetzliche Grundlagen klarzustellen, stellt der Lehrer in einem kurzen Referat folgende Informationen voran:
- Sozialhilfe ist gesetzlich im Bundessozialhilfegesetz (BSHG) geregelt und soll betroffenen Randgruppen „ein Leben in Würde" ermöglichen, das auf alle Fälle über dem Existenzminimum liegen soll (s. § 1).
- § 2: Unterstützt wird nur, wer nicht aus eigener Kraft, von Verwandten 1. Grades (Eltern, Kinder, Ehepartner) oder durch Sozialleistungsträger unterstützt wird.
- Die Ansprüche müssen geltend gemacht werden; ca. 50% machen dies aus Informationsmangel, Stolz, Scham oder Angst vor Diskriminierung nicht.
- Sozialhilfe unterteilt sich in ständige „Hilfe zum Lebensunterhalt" (Mitte der 80er Jahre bereits über 2 Millionen Personen), rund eine Million erhält „Hilfe in besonderen Lebenslagen" (Kleidungs-, Heiz-, Waschbeihilfen usw.).
- 1986 betrugen die Regelsätze für Sozialhilfeempfänger im Bundesdurchschnitt 394,– DM für den Haushaltsvorstand, für Haushaltsangehörige bis 7 Jahren 177,– DM, von 12 bis 15 Jahre 296,–, 16–21 Jahre 355,– und ab 22 Jahren 315,– DM.

(Angaben nach Bundessozialhilfegesetz bzw. Heinz Klippert: Materialien zum Thema „Neue Armut in der Bundesrepublik", in: arbeiten und lernen, Nr. 46, 1986, S. 50f. und imu-Bildinfo 870223 vom 12. 2. 1987).

Unterrichtsschritt 4:
Sozialhilfe als Alltagsproblem

Hinter den recht abstrakten Zahlen verbergen sich handfeste Einzelschicksale. Aus Zeitgründen bilden sich vier Expertengruppen, die nach Lektüre und Auswertung der ihnen vorgelegten Materialien (s. Arbeitsblatt 4) ihre Ergebnisse im Plenum der Klasse berichten.

Die erste Gruppe beschäftigt sich mit der Zustandsschilderung eines jungen Arbeitslosen, der gleichzeitig neben der Arbeitslosenunterstützung Sozialhilfe erhält. (Aus: Die Zeit Nr. 13, vom 22. 3. 1985, S. 83). Das Material kann schwächeren Schülern gegeben werden, da sie lediglich die Situation in eigenen Worten wiedergeben sollen (s. Arbeitsauftrag).

Der zweiten Gruppe liegt der amtliche Wochenwarenkorb eines Sozialhilfeempfängers vor (s. Arbeitsauftrag). Er ist in Die Zeit Nr. 23 vom 31. 5. 1985, S. 23 abgedruckt worden. Eine Zusatzinformation zum Stromverbrauch ist den Schülern zu vermitteln, weil das eigene Freizeitverhalten dadurch relativiert wird. Mit der Wochenration 4 kWh kann man täglich

– seine Wohnung 20 Minuten beleuchten,
– 30 Minuten Radio hören,
– 10 Minuten Fernsehen,
– 10 Minuten Staubsaugen,
– 2 Stunden den Kühlschrank in Betrieb halten.

Die dritte Gruppe ist Experte für „Bekleidungsbeihilfen" (Beispiel Hannover). Text aus: Der Spiegel, Nr. 52, 1984, S. 66. Auch hier ist eine Leitfrage dem Arbeitsauftrag beigegeben.

Die vierte Gruppe erhält ein Fallbeispiel vorgelegt, das die harten Konsequenzen, die ein Sozialhilfeempfänger zu tragen hat, thematisiert (s. Arbeitsauftrag).

Auswertungshinweise s. Stundenblatt.

Ergänzung 1:

Vom regional zuständigen Sozialamt kann Anschauungsmaterial zur Sozialhilfe besorgt werden, so: aktuell gültige Regelsätze, Nachweis-Liste (über 30 Nachweise sind zu leisten!), Liste über Krankheiten, für die Krankenkost-Beihilfe gewährt wird, verschiedene Antragsformulare (z. B. für Winterfeuerung), ...

Ergänzung 2:

Viele Schüler werden von den Fakten aus dem letzten Unterrichtsschritt betroffen sein. Dies soll nicht gleich wieder durch objektivierbares Material oder Argumente aufgelöst werden. Die Stunde kann vielmehr ein Meinungsaustausch abrunden, der die Schüler zur eigenen Stellungnahme herausfordert. Schrittmacherdienste leistet eine im Januar 1986 publizierte Mini-Umfrage der Illustrierten Wochenzeitung iwz* (Nr. 1 vom 4.–10. 1. 1986, S. 3). Jeder einzelne Schüler erhält so Gelegenheit, sich Meinungen anzuschließen bzw. sie abzulehnen und dadurch seinen eigenen Standpunkt zu gewinnen.

Auszüge aus der Umfrage „Mehr Sozialhilfe?"

– Studentin: im Vergleich zu den Lebenshaltungskosten sind die Regelsätze für Sozialhilfe zu gering;
– Triebwagenführer: viele Betroffene leben über ihre Verhältnisse;
– Sozialarbeiterin: der Staat sollte für Sozialhilfeempfänger zusätzlich bezahlte Arbeit anbieten (z. B. für Umwelt);
– Kauffrau: es liegt an jedem selbst, sich zu helfen;
– Postangestellter: bei uns gibt es keine materielle Armut; eher fehlt es an Menschlichkeit und Hilfsbereitschaft;
– Altenpflegerin: mehr Arbeitsplätze im sozialen Bereich schaffen;
– Bergmann: die Sozialamtsätze sind nicht hoch genug;
– Bibliothekarin: Armen wird Schuldgefühl nahegelegt.

Keine Hausaufgabe

---

* Wochenendbeilage in süddeutschen Tageszeitungen

Block B:
Der Mensch in der heutigen betrieblichen Realität

5. Stunde:
Wie ein Betrieb funktioniert

Der Mensch – ein Rädchen im Getriebe?

Fachwissenschaftliche und didaktische Vorbemerkungen

Betrieb ist das Zusammenwirken von Maschinen und Menschen. So einfach diese Bestimmung klingt, so wenig wird sie in der wissenschaftlichen Diskussion voll ausgeschöpft. Die Industriesoziologie der 50er und 60er Jahre spaltete die Arbeit als Bereich der Notwendigkeit von einem relativ autonomen Freizeitbereich ab. Die 70er und 80er Jahre brachten in der Wissenschaft eine subjektorientierte Wende, die eine Angleichung der Arbeitsbedingungen an den Menschen betreibt (s. Gert Schmidt: Zur Geschichte der Industriesoziologie in Deutschland, in: Soziale Welt 31, 1980, S. 257–278). Neuerdings beginnt eine empirisch bezogene Debatte, die eine Arbeitshumanisierung interdisziplinär begreift. Studien der Bildungskommission weisen bereits Anfang der 70er Jahre in diese Richtung. Aus der Kritik einer veralteten Handelsbetriebslehre und der Forderung nach einem überfälligen Praxisbezug leiteten sie die Folgerungen Wissenschaftsorientierung, aktualisierter Praxisbezug und Integration eines menschlich-sozialen Faktors ab.

In diesem Block sollten deshalb neben betriebswirtschaftlich-unternehmerischen Perspektiven auch sozialrechtliche und sozialpsychologische Gesichtspunkte Berücksichtigung finden. „Es wäre der Betrieb als Sozialsystem und nicht als bloß funktionalistisches Leistungssystem darzustellen, so daß den Lernenden die eigene Position in dem historisch wandelbaren Sozialgebilde Betrieb deutlicher wird als es die übliche Darstellung als a-historisch gültige Faktorkombination zuläßt." (Reinhard Hentke [Hrsg.]: Fachdidaktik Organisationslehre/Datenverarbeitung. Frankfurt 1982, S. 115). Die Illustration und Erarbeitung dieses Gesamtzusammenhangs ist natürlich nicht in einer einzigen Schulstunde zu leisten. Die notwendige didaktische Reduktion sowie die Stundeneinteilung sieht so aus: Die erste Unterrichtsstunde des Blocks B thematisiert Voraussetzungen, Funktionen und Organisationsformen von Betrieben unter dem Titel „Funktionsweise eines Betriebs". In der zweiten Stunde werden die Betriebsverhältnisse aus Arbeitgeber- und Arbeitnehmersicht beleuchtet. Danach stehen in einer Doppelstunde der technische Wandel und seine wirtschaftlichen, politischen und gesellschaftlichen Implikationen im Blickfeld. Damit ist die Erkenntnisgrundlage für Block C „Interessenvertretung und Interessenkonflikt" gegeben.

Für die folgende Stunde ergibt sich damit im Stundeninhalt ein Übergewicht der betriebswirtschaftlichen Kreislauffunktionen; sie stehen in Polarität zu einem gleichzeitig ablaufenden menschlich-sozialen System, mit dem sie dauernd abzustimmen sind. Diese Überzeugung findet Eingang in die Stundenstruktur selbst: Reflexionen und Berichte zum Verhältnis von Organisationserfordernissen und Absatzstrategien von Betrieben einerseits, von Beschäftigten bzw. Konsumenten andrerseits bilden eine Klammer um die Darstellung der eigengesetzlichen Funktionsweise von Betrieben. Informationen über Betriebsprozesse haben in dieser Stunde also ein deutliches Übergewicht.

Was ist Schülern der Sekundarstufe I davon zu vermitteln? Das System „Industriebetrieb" nimmt a) auf den Beschaffungsmärkten Produktionsfaktoren und Informationen auf, b) verarbeitet und transformiert sie und gibt sie dann c) auf Absatzmärkten wieder ab. Den Ausgaben für a) stehen Einnahmen von c) gegenüber. Sie tauchen als Gewinn- oder Verlustrechnung auf. Während des Produktionsprozesses b) spielen der Betriebsaufbau und Unternehmensformen eine wichtige Rolle. a) – c) können am besten in Modellen dargestellt werden. Wie bei anderen Inhalten, die durch Lernen am Modell vermittelt werden, gilt es auch hier einige Gefahren zu beachten: die Modelle dürfen nicht zu abstrakt (Gefahr der Überforderung), nicht zu vielfältig (Gefahr der Überfüllung), nicht zu illustrativ (Gefahr einer einseitigen Lehrerzentrierung) und nicht zu absolut sein (sonst ist kein Transfer möglich). Werden diese Punkte berücksichtigt, überwiegen die Vorteile eines modellartigen Lernens: Anschaulichkeit, Kennenlernen von Zusammenhängen, eigenaktives Lösungsbemühen, Korrektur und Ergänzung des Modells an der Wirklichkeit, speziell durch die Betriebserkundung (vgl. Wolfgang Buthig: Betriebsmodelle im Unterricht, in: Wirtschaft und Gesellschaft im Unterricht, 3, 1979, S. 77–81).

Ziele der Stunde

Die Schüler erkennen
– die 3 produktiven Kräfte (Faktoren);
– die Grundfunktionen eines Industriebetriebs: Beschaffung, Lagerung, Fertigung, Lagerung, Absatz;
– aus dem Privatrecht abgeleitete Unternehmensformen.

Die Schüler erarbeiten
– Elemente der Produktionsfaktoren und ihre Zuordnung;
– betriebswirtschaftliche Kreisläufe;
– betriebswirtschaftliche Begriffe aus Graphiken.

Die Schüler problematisieren
– die Funktion des Menschen im Betrieb;
– Absatzstrategien von Betrieben (hier: Supermarkt) und Verbraucherinteressen.

Schulbuchhinweise:

– Gemeinschaftskunde Gymnasium 10. Schuljahr. Schöningh, Paderborn 1985, S. 46 f. (Produktionsablauf), S. 48 f. (Unternehmensorganisation)
– P wie Politik. 8. Schuljahr Hauptschule Baden-Württemberg. Schöningh, Paderborn 1985, S. 96–112 (Produktion in einem Unternehmen, u. a. Warenherstellung und Dienstleistungen, Ziele unternehmerischen Handelns)
– Gemeinschaftskunde 9. Schuljahr Realschule. Schöningh, Paderborn 1985, S. 79–81 bzw. 100–111 (Produktionsfaktoren bzw. Leistungen im Unternehmen)
– Gemeinschaftskunde / Wirtschaftslehre Baden-Württemberg Kl. 8 (Hauptschule). Schrödel, Hannover 1980, S. 102 ff. (Produktionsfaktoren)
Ausgabe 1985: S. 94–101 (Produktionsfaktoren)
– Thema Politik A (7.–10. Schuljahr). Klett, Stuttgart 1982, S. 80–83 (Produktionsfaktoren und Wirtschaftskreislauf im Planspiel)
– Gemeinschaftskunde 10. Gymnasium. Schrödel, Hannover 1984, S. 38–42 (Aufgaben und Aufbau eines Unternehmens)
– arbeiten und wirtschaften. Klett, Stuttgart 1985, Wirtschaftslehre 7/8, S. 74–91 (u. a. Organisation von Betrieben, Auswirkungen der Betriebsorganisation auf die Arbeitsplätze, Lohnformen, ...)
– Heute und morgen. Gemeinschaftskunde Realschule Klasse 8. Klett, Stuttgart 1982 und 1985, S. 143–145 bzw. S. 48–50 (Produktionsfaktoren)

Zusätzliche Literatur:

– Wolfgang Buthig: Betriebsmodelle im Unterricht, in: Wirtschaft und Gesellschaft im Unterricht 3, 1979, S. 77–81 (Betriebsbilder in der Graphik, didaktische Diskussion, Modellvorschlag)
– Magdalene Vogel und Jaroslaw Trachsel: Der Mensch im Großbetrieb, in: Schweizerische Lehrerzeitung 26–29, 26. 6. 1980, S. 1133–1148 (Fallbeispiel Ciba-Geigy)
– Franz Thalmann: Die Arbeit ist für den Menschen da, in: arbeiten und lernen, Nr. 23, 1982,

S. 53–56 (Auseinandersetzung mit der päpstlichen Enzyklika „Laborem exercens" sowie Verlaufsskizzen)
– Heinz Klippert: „Menschen bei der Arbeit – menschliche Arbeit?", in: arbeiten und lernen 46, 1986, S. 6–12 (u. a. „Die Deutschen bei der Arbeit", „Arbeitswelt bis zum Jahre 2000", „Arbeitsbelastungen", „Humanisierung", Tarifleistungen im historischen Vergleich)

Verlaufsskizze

Unterrichtsschritt 1:
Die „Funktion" des Menschen im Betrieb

Die Zweckmäßigkeit eines Betriebes ist eine ökonomische Notwendigkeit. Sind die Menschen, die einen wesentlichen Teil ihrer Lebenszeit in diesem Betrieb verbringen, Gestalter ihrer Arbeitswelt oder werden sie selbst von Sachnotwendigkeiten bestimmt? Der frühere BASF-Direktor Bischoff fordert in seinem Votum „Der Mensch ist vom Betrieb nicht als Mensch, sondern als Funktion gefragt" (s. Vorlesetext unten von Hans-Albrecht Bischoff) zum näheren Betrachten der betrieblichen Wirklichkeit heraus. Der Lehrer liest den Text abschnittsweise vor, läßt die Schüler wichtige Stichwörter jeweils resümieren und fordert zu freier Stellungnahme auf:

Die „Funktion" des Menschen im Produktionsprozeß

Der Mensch steht keinesfalls etwa – wie Neoromantiker der Sozialpolitik es so gern sähen – im Mittelpunkt des Betriebes. Dort steht die Produktion, der sachliche, der wirtschaftliche Erfolg. Denn um ihretwillen ist der Betrieb da ... Sein alleiniger Zweck ist die Produktion von Gütern, von Waren, die andere brauchen. Alle seine Mittel sind darauf ausgerichtet und miteinander dahingehend abgestimmt, dieses Ziel bestmöglichst zu erreichen, d. h. so billig wie möglich und so gut wie möglich soviel Güter zu produzieren und abzusetzen wie möglich. Damit dies erreicht wird, muß der Betrieb funktionieren, muß jeder seiner Teile funktionieren, müssen alle seine technischen und organisatorischen Mittel funktionieren.
Zu den Mitteln, die er hat und derer er sich bedient und bedienen muß, damit das Ziel erreicht wird, gehören auch Menschen. Da alle Mittel funktionieren müssen, müssen auch die Menschen funktionieren. Was funktioniert, ist Funktion. Der Betrieb braucht die Menschen nicht als Menschen, die Gott bei ihren Namen gerufen hat, sondern als Funktionen. Er braucht nicht den Franz S., nicht den Ernst K., nicht den Heinz B., sondern er braucht einen Schlosser, einen Kraftfahrer, einen Buchhalter. Franz S. ist der Schlosser, Ernst K. der Kraftfahrer und Heinz B. der Buchhalter. Der Betrieb verwendet sie in diesen Funktionen, er braucht sie in diesen Funktionen, in keinen anderen.
Braucht er keinen Buchhalter mehr, weil dessen Arbeit von einer Rechenmaschine übernommen wird, so muß er sich von Heinz B. trennen, so wertvoll dieser als Mensch auch sein mag. Denn dem Betrieb nützt der wertvolle Mensch nichts, sondern ihm nützt bisher der Buchhalter ... Das klingt unmenschlich und ist auch unmenschlich. Aber es ist nicht im moralischen Sinne unmenschlich, sondern in einem ganz nüchtern-sachlichen. Der Mensch ist vom Betrieb nicht als Mensch, sondern als Funktion gefragt. Der Mensch als solcher ist für den Betrieb nichts, die Funktion, die er ausüben kann, alles. Ganze Berufe fallen weg, und die Menschen, die sie ausübten, werden überflüssig, wenn sie nicht anders nutzbar sind: umgeschult oder umgelernt ...
Funktionen und Funktionäre müssen also wesensmäßig ersetzbar sein. Da sie innerer Teil eines Ganzen – des Betriebes – sind, sind sie ersetzbare Teile und – von der Kehrseite gesehen – Ersatzteile; Ersatzteile müssen griffbereit daher eingeordnet, gekenn-

zeichnet, katalogisiert sein, eine Nummer tragen. Das Wesentliche und Wichtige an ihnen ist diese Nummer, die angibt, wie sie als Ersatzteil verwendet werden können. Ein Mensch aber, dessen wichtigstes, dessen Wesensmerkmal für den Betrieb die Nummer ist, die er trägt, ist selber Nummer. Und in diesem Sinne sind wir alle Nummern. Nummersein gehört zum Wesen des Menschen im industriellen Massenzeitalter.

(aus: DGB-Schwerpunktthema 1977/78 Bildungs- und Beschäftigungssystem. Düsseldorf 1977, S. 83)

Anschließend kann das Stundenthema „Funktionsweise eines Betriebs" und gegebenenfalls die Problemfrage „Der Mensch – nur ein Rädchen im Getriebe?" formuliert werden (s. Tafelanschrieb).

Unterrichtsschritt 2:
Voraussetzungen der Produktion:
Produktionsfaktoren

Zur Veranschaulichung dient ein Film aus der FWU-Produktion (Nr. 320865; erhältlich in den Landes- oder Kreisbildstellen). Er trägt den Titel „Das Zusammenwirken der Produktionsfaktoren"; mit einer Laufzeit von 10 Minuten ist damit in idealer Weise eine kurze Unterrichtssequenz zu bestreiten. Obwohl bereits 1965 hergestellt, sind seine zeitlosen Trickfilmaufnahmen geeignet, das Ineinandergreifen der Produktionsfaktoren zu verdeutlichen.

Inhaltsangabe:
– In einem ersten Teil werden die Produktionsfaktoren selbst dargestellt:
a) Boden: Grundstücke, Gebäude; gute Verkehrsanschlüsse
b) Kapital: Maschinen, Werkzeuge, technische Anlagen, Büroeinrichtungen, Rohmaterialien, Vorprodukte; nicht mit Geld gleichzusetzen!
c) Arbeit: Arbeiter, Ingenieure, Techniker, Kaufleute, Putzfrauen, Direktoren, Sekretärinnen, Boten
– Danach werden Beispiele für die Verteilung der Produktionsfaktoren in verschiedenen Wirtschaftstätigkeiten gezeigt:

a) Landwirtschaft: viel Boden, dann Kapital und Arbeit
b) Raffinerie: wenig Boden, viel Kapital, wenig Arbeit
c) Handel: Boden und Kapital relativ gering, Arbeit intensiv
d) Schuhputzer: Gehsteig/Bürste, Schuhcreme/Hände

Anmerkung: die einzelnen Anteile sind im Film visualisiert.
– Anschließend wird eine Produktionssteigerung erklärt: sie erfolgt immer durch Maschinen, d. h. Arbeit kann durch Kapital ersetzt werden. Woher aber kommt das Kapital? Es ist immer auf alle drei Faktoren zurückzuführen! Beispiele zur Veranschaulichung: Stahl, Gebäude, Fahrzeuge, Elektrizität, Chemikalien.
– Beispiel für die Herkunft von Kapital: Werkzeuge und Fördereinrichtungen im Bergwerk → Eisenerz → Stahlwerk produziert das Kapital Stahl → Maschinen und Werkzeuge in einer Werkzeugmaschinenfabrik.

Auswertung:
1. Nenne die Produktionsfaktoren (s. Tafelanschrieb).
2. Nenne die Produktionsfaktoren eines Schuhputzers.
3. Eine erhöhte Nachfrage bringt eine Produktionssteigerung mit sich; wodurch kann die Produktion gesteigert werden? (Bilde eine Kette!)

Ergänzung:

Im Gemeinschaftskundebuch 10 des Schrödel-Verlags (Ausgabe Gymnasium Baden-Württemberg, Hannover 1984, S. 38–40) ist die Verwendung der Produktionsfaktoren anhand der fiktiven Erweiterung einer Schuhfabrik dargestellt. Mit drei Planungsbeispielen diskutieren und entscheiden die Schüler, welchem Modell der Vorzug zu geben ist.
Unabhängige Variable ist dabei der Standort (bestehende Gebäude bzw. Neubau in der Großstadt bzw. Neubau im Zonenrandgebiet), der andere Variablen beeinflußt: Steuern, Personalkosten, Preise usw.

Unterrichtsschritt 3:
Aufgaben eines Betriebs

Grundlage für diesen Unterrichtsschritt bildet ein Foliensatz des Erich-Schmidt-Verlages (Nr. 1029, Folien 1–4, ^{3}1981, Berlin/Bielefeld/München).

Er umfaßt den grundlegenden Betriebsprozeß „Beschaffung – Lagerung – Produktion – Lagerung – Absatz" (Folge 2), die Produktionsfaktoren (Folie 1), Management und Buchführung (Folie 3) sowie die Gegenüberstellung von Güter- und Geldströmen (Gewinnmaximierung) in der 4. Folie. Da sie übereinandergelegt werden können, ist der Prozeß in einem Betrieb gut ersichtlich. Die Schüler verbalisieren in einem ersten Lernschritt die Darstellung in den Folien (Konkretisierungshilfe: Herstellung von Personenwagen); notfalls können alle Vorgänge anhand der Grundfolie erklärt werden.

F 1: Folgende Produktionsfaktoren werden beschafft:
a) Werkstoffe, z. B. Stahl, Bleche, Farben, ...
b) Betriebsmittel, z. B. Maschinen, Roboter, Fließbänder, ...
c) Arbeitskräfte, z. B. Montagearbeiter, Angestellte, ...

F 2: Der eigentliche Betriebsprozeß besteht aus: Beschaffung – Lagerung (der Produktionsfaktoren) – Produktion (in arbeitsteiligem, mechanisiertem, automatisiertem Verfahren mit hohem Kapitaleinsatz) – Lagerung (bei Kraftfahrzeugen oft eigenes Vertriebsnetz) – Absatz.

F 3: Die Unternehmensführung schafft die rechtlichen, finanziellen und organisatorischen Voraussetzungen des Betriebsprozesses: plant, steuert, kontrolliert. Die Buchführung liefert der Unternehmensführung erforderliches Zahlenmaterial.

F 4: Güterstrom und Geldstrom laufen entgegengesetzt. Die Differenz zwischen Aufwand und Ertrag (Gewinn) ist das Hauptziel eines Unternehmers.

Ergänzung 1:
Betriebliche Grundfunktionen können am Fall „Automobilherstellung" durchgespielt werden. Eine brauchbare Graphik in: Der Betrieb. Bd. 1. Wirkungsstruktur und Entscheidungsbereich. Köln 1975, S. 36f. Auswertungshinweis: In der Graphik werden angefangen von der „Marktforschung" bis hin zum „Verkauf" insgesamt sechs Grundfunktionen genannt, deren Ablauf mit neuesten Entwicklungsvorhaben in der Automobilbranche zu verdeutlichen sind. Beispiele: Antiblockiersystem ABS, Bordcomputer, Wasserstoffauto, usw.

Ergänzung 2:
Nach einer Skizze in Günter Ashauer: Grundwissen Wirtschaft, Stuttgart ^{2}1984, S. 44 informiert der Lehrer in interessierten Klassen über die wichtigsten Unternehmensformen. Dazu sind zu zählen:
– Personengesellschaften (OHG und KG) sowie
– Kapitalgesellschaften (AG, KGaA und GmbH).

Bei genügend Zeit kann der Stoff über eine anschauliche Darstellung bei Schmidt-Zahlenbilder Nr. 201310 (auch in: Informationen zur politischen Bildung 175, 1978, S. 7) kontrolliert werden. Der Arbeitsauftrag heißt in diesem Fall: Erkläre die einzelnen Unternehmensformen! Achte besonders darauf, wer Geldgeber ist und wer die Firma leitet (managt).

Ergänzung 3:
Risiken und Chancen einer Existenzgründung sind mit Beratungshilfen, finanziellen Fördermöglichkeiten, Existenzgründer-Checklisten und einer Fallsimulation in einem empfehlenswerten Büchlein der Alternativpresse publiziert. Es ist im Eichborn-Verlag, Frankfurt 1984, erschienen und von Hans-Jürgen Zwingmann unter dem Titel: „Selbständig machen. Information, Rat, Adressen" zusammengestellt worden.

Unterrichtsschritt 4:
Absatzstrategien (im Supermarkt)

In Zeiten der Marktsättigung und eines immer schneller werdenden Warenumsatzes ist der Absatz zum Hauptproblem von Betrieben geworden. Strategien der „geheimen Verführung" gehören deshalb zum Arsenal aller Marketing-Experten. Am Beispiel von Verführungstricks im Supermarkt wird die Anbieterseite aus der Sicht des Verbrauchers interpretiert (Material aus: Verbraucher-Rundschau, H. 12, 1971, S. 8). Wir kehren damit zur Problemfrage der Unterrichtsstunde zurück und zu den Konfliktfeldern, in denen wirtschaftlicher Zweck und Konsumenteninteressen aufeinanderstoßen. Es wird die Absicht verfolgt, das (Un-)Gleichgewicht der Marktkräfte über die Analyse von Verbraucher- und Anbieterverhalten transparenter zu machen. Eigene Erfahrungen der Schüler im Supermarkt machen den Stoff lebendiger (s. Arbeitsblatt 5). Die Ergebnisse werden an der rechten Tafelseite festgehalten.

Mögliche Hausaufgabe:

Ziele von Arbeitgebern und Arbeitnehmern in einem Unternehmen anhand eines Spiegel-Berichts über den Daimler-Konzern (s. 6. Stunde, Arbeitsblatt 6 mit Auswertungsfragen).

6. Stunde:
Unternehmensziele bei Arbeitgebern und Arbeitnehmern

Alle im gleichen Boot?

Fachwissenschaftliche und didaktische Vorbemerkungen

Die Aufgaben von Unternehmungen in der Marktwirtschaft, vor allem die Versorgung mit Gütern und Dienstleistungen, können nicht unabhängig von Arbeitgeber- und Arbeitnehmerzielen gesehen werden.

Gleichwohl liegt es auf der Hand, daß gute betriebs- wie auch volkswirtschaftliche Ergebnisse nur aus dem Verständnis und der Akzeptanz der jeweils anderen Handlungsmotive heraus zu erreichen sind.

Sicher ist es zu bedauern, daß Wirtschaftskundebücher oft Unternehmungsziele mit den individuellen Interessen der Kapitaleigner und ihrer Manager gleichsetzen; die Kritiker dieses Ansatzes tabuisieren jedoch ihrerseits Komplementarität und Interdependenz beider Zielorientierungen. Sie unterstellen a priori einen antagonistischen „grundlegenden Unterschied" von Eigen- und Gemeinnutzenorientierung (s. etwa Klaus Kreuchauf / Jürgen Lackmann: Warum wirtschaften wir überhaupt? Weingarten 1979, S. 14).

Natürlich lassen sich unterschiedliche Motive und Interessen auf beiden Seiten gegenüberstellen; die Kapitalorientierung der Arbeitgeber ergibt: Gewinnstreben, Umsatzstreben, Wirtschaftlichkeitsstreben, Sicherung des Unternehmenspotentials, Sicherung der Liquidität, Unabhängigkeits- und Vereinigungsstreben, Prestigestreben, Machtstreben, ethische und soziale Bestrebungen (vgl. das einschlägige Werk von Edmund Heinen: Grundlagen betriebswirtschaftlicher Entscheidungen. Das Zielsystem der Unternehmung. Wiesbaden ^{3}1976 sowie Informationen zur politischen Bildung 175, 1978, S. 4f.)

Hierzu einige begriffliche Erläuterungen: Das Streben nach Gewinn ist in der Bilanz bzw. in der jährlichen Gewinn- und Verlustrechnung als Kapitalgewinn quantifizierbar. Der Umsatz ist das geldliche Äquivalent für die abgesetzten Mengen an Fertigprodukten und erlaubt insbesondere Aussagen über den Markterfolg des Unternehmens. Die Wirtschaftlichkeit ist durch eine sparsame Verwendung der erforderlichen Produktionsfaktoren zu erhalten. Dabei sind Rentabilität und Produktivität zu unterscheiden: die Kapital- bzw. Umsatzrentabilität errechnet sich aus

$$\frac{\text{Gewinn} \times 100}{\text{Eigenkapital bzw. Umsatz}},$$

die Produktivität aus dem Verhältnis von Ausstoß zu Faktoreinsatz (z. B. Personenwagen pro Arbeitsstunden- bzw. Maschineneinsatz).

Bei der Sicherung des Unternehmenspotentials sind das ursprünglich investierte Kapital, der Bestand der Realgüter und die verzehrten Produktionsfaktoren zu beachten.
Leser von Geschäftsabschlüssen beachten weiterhin auch die Liquidität(skennzahlen): Zahlungsfähigkeit und Risikofreudigkeit lassen sich daraus ablesen.
Die Unabhängigkeit ist aus dem Verhältnis zu Lieferanten und Kunden zu bestimmen, Wettbewerbsvorteile sind das Hauptmotiv, einen Teil der Unabhängigkeit zugunsten von Fusionen aufzugeben. Sozial-politische Bestrebungen liegen den Motiven Prestige, Macht und Ethik zugrunde.
Bescheidener stellt sich dagegen die Liste der „arbeitsorientierten" Motive dar; wenn sie aus ideologischen Gründen aber auf ein „kollektiv-solidarisches Konzept der Interessenorientierung" (Kreuchauf/Lackmann, a.a.O., S. 23) eingeengt werden, gehen sie an realiter existierenden subjektiven Verarbeitungen der Arbeitswelt vorbei; es genügt nicht, „die Arbeitsproduktivität zu erhöhen" (a.a.O.), um Einkommen zu sichern, wenn deren physiologische und psychosoziale Voraussetzungen unbedacht bleiben. Ein Beispiel dafür ist die Arbeit am Bildschirm. Arbeitsplatzsicherheit und eine Optimierung der Arbeit selber (technisch, sozial, politisch) gehören jedoch unbestreitbar zu Bedürfnissen und Interessen auf Arbeitnehmerseite.
Aus all diesen Motiven gilt es für die Stundengestaltung eine Auswahl zu treffen: zunächst können die Ziele in einem Unternehmen von den Schülern selber aus dem Bericht über eine bei Arbeitgebern wie Arbeitnehmern gleichermaßen in gutem Ruf stehende Firma, Daimler-Benz in Stuttgart, herausgearbeitet werden. Danach wird ein für die jeweiligen Seiten wichtiges Ziel exemplarisch behandelt: auf der Kapitalseite ist es die Bilanz bzw. Gewinn- und Verlustrechnung. Die Schüler erhalten damit die nötige Grundlage, um bei ihrer eigenen Berufsorientierung die Situation eines Unternehmens beurteilen zu können (s. Günter Wöhe: Einführung in die Allgemeine Betriebswirtschaftslehre. Berlin/Frankfurt ^{5}1963, S. 380). Wir erweitern den betriebswirtschaftlichen Rahmen jedoch durch die volkswirtschaftliche Dimension von Gewinn, die in der „Wertschöpfung" quantifiziert dargestellt ist. Wir verhindern damit eine der Sache unangemessene individualisierende Perspektive und genügen der gesamtgesellschaftlichen Bedeutung. Keinesfalls wird so die Bedeutung anderer Ziele geschmälert; aber: Umsatz und Marktanteile sind in der Stunde „Markt" behandelt worden; Rentabilität, Produktivität und Innovationsfreude einerseits, Arbeitsplatzsicherheit und Gestaltung der Arbeit sind andererseits Wissenselemente, die beim technologischen Wandel und seinen tarif- und sozialpolitischen Folgen zu berücksichtigen sind (s. folgende Stunden).

Ziele der Stunde

Die Schüler erkennen
– welche Ziele eine Unternehmensführung verfolgt;
– welche Ziele Arbeitnehmerbedürfnissen entsprechen;
– den Unterschied zwischen einer Bilanz, einer Gewinn-/Verlustrechnung und dem Begriff Wertschöpfung;
– die Aufteilung einer Bilanz nach Vermögens- und Kapitalpositionen (Aktiva und Passiva).

Die Schüler erarbeiten
– aus der Zustandsschilderung eines Großbetriebs Gründe für ein erfolgreiches Unternehmensergebnis;
– Arbeitskraft und Produktivkapital als Voraussetzungen für hohe Produktionszahlen;
– die Funktion von Gewinnen in der be-

triebs- und volkswirtschaftlichen Wertschöpfung;
- schädigende Wirkungen der Arbeitswelt auf Körper und Psyche der Beschäftigten;
- Rentabilitätskennziffern (Eigenkapital-, Umsatz- und Gesamtkapitalrentabilität).

Die Schüler problematisieren
- die Beteiligung von Mitarbeitern am Produktivvermögen und an der Verfügung über Produktionsmittel.

Schulbuchhinweise:
- Gemeinschaftskunde für Baden-Württemberg, Realschule Klasse 8. Schrödel, Hannover 1981, S. 90–94 (Produktion – Gewinn – Arbeitsplätze)
- Gemeinschaftskunde Gymnasium. 10. Schuljahr. Schöningh, Paderborn 1985, S. 50f. (Unternehmensziele)
- P wie Politik. Gemeinschaftskunde/Wirtschaftslehre 8. Schuljahr Hauptschule (Baden-Württemberg). Schöningh, Paderborn 1985, S. 96–112 (u. a. Ziele unternehmerischen Handelns)
- Gemeinschaftskunde 9. Schuljahr Realschule. Schöningh, Paderborn 1985, S. 100–111 (Leistungen im Unternehmen)
- Gemeinschaftskunde/Wirtschaftslehre Baden-Württemberg Klasse 8 Hauptschule. Schrödel, Hannover 1980, S. 105ff. (Leistungserstellung der Unternehmung, darin: Gewinn) Ausgabe 1985: S. 101–107 (Unternehmerische Ziele)
- Gerhard Granacher u.a.: Arbeitsteilung – Automation. Klasse 8 Baden-Württemberg. Beiheft 2. Schrödel, Hannover 1981, S. 30–44 (Belastungen am Arbeitsplatz, Versuche zur Humanisierung der Arbeitswelt)
- Thema Politik A. 7.–10. Schuljahr. Klett, Stuttgart 1982, S. 84–86 (Aufgaben im Betrieb)
- arbeiten und wirtschaften. Teil Wirtschaftslehre 9/10. Klett, Stuttgart 1985, S. 50–65 (Arbeitszufriedenheit, Gestaltung von Arbeitsplätzen, Verbesserung der Arbeitsumgebung, Humanisierung der Arbeit usw.)
- Gemeinschaftskunde 10. Gymnasium. Baden-Württemberg. Schrödel, Hannover 1984, S. 38f. (vereinfachte Darstellung einer Gewinn- und Verlustrechnung)
- Heute und morgen. Gemeinschaftskunde Realschule Klasse 8. Klett, Stuttgart 1985, S. 66–69 (Unternehmensleistungen) und S. 70–78 (Arbeitgeber und Arbeitnehmer)

Zusätzliche Literatur:
- Informationen zur politischen Bildung 175, 1978, Neudruck 1982. Titel: Wirtschaft. Arbeitnehmer und Betrieb 2. (Verhältnis Mensch, Betrieb, Arbeitssystem; Ziele von Betrieben)
- Agnes Rosenbruch / Dieter Jungk: Lärm: Berufsrisiko Nr. 1 in: arbeiten und lernen 40, 1985, S. 23–31 (schülergerechtes und äußerst materialreiches Angebot)
- Wirtschafts- und Sozialwissenschaftliches Institut des DGB (Hrsg.): Arbeit macht krank. Eine Dokumentation, zusammengestellt von Reinhard Bispinck. Düsseldorf 1983 (umfassende Dokumentation zu Arbeitsbelastungen und Fehlbeanspruchungen von Arbeitnehmern)
- Friedrich-Wilhelm Dörge / Stephan Thomas: Unternehmensgewinne in der Marktwirtschaft, in: Gegenwartskunde 4, 1982, S. 503–512 (pro und contra Unternehmensgewinne, didaktische Hinweise, fachwissenschaftlicher Hintergrund)
- Klaus Kreuchauf / Jürgen Lackmann: Warum wirtschaften wir überhaupt? Weingarten 1979, S. 154f. (eine Gegenüberstellung kapitalorientierter und arbeitsorientierter Interessen nach WSI)

Verlaufsskizze

Unterrichtsschritt 1:
Arbeitnehmer und Arbeitgeber:
alle im gleichen Boot?

Ein weitverbreitetes Bild vom Verhältnis der beiden Interessengruppen im Betrieb ist das vom gemeinsamen Boot. Stephan Laske hat dazu in arbeiten und lernen, 46, 1986, S. 13 bis 15 brauchbare Materialvorschläge gemacht. Für unsere Zwecke genügt „Arbeitnehmer und Arbeitgeber: alle im gleichen Boot?", das der Lehrer als Impuls an die Tafel schreibt. Mit den folgenden Auswertungsfragen läßt sich die Frage einer eingehenderen Untersuchung unterziehen:
1. Welche unterschiedlichen Rollen gibt es in diesem Boot?
2. Wie sehen die jeweiligen Arbeitsbedingungen aus?
3. Wo bestehen gemeinsame, wo unterschiedliche Interessen?

Die Schülerbeiträge bleiben in dieser Phase einstellungsgeprägt; sie geben dem Lehrer für den weiteren Unterrichtsverlauf wichtige Hinweise auf etwaige antagonistische, harmonistische oder resignative Grundstimmungen seiner Klasse.

Unterrichtsschritt 2:
Ziele auf Kapital- und Arbeitnehmerseite

Für den Unterrichtszweck ist ein gekürzter Spiegel-Bericht (Nr. 37 vom 9. 9. 1985, S. 36–67) über Deutschlands Musterunternehmen Daimler-Benz gut geeignet (s. Arbeitsblatt 6). Für das didaktische Vorgehen bietet er drei Vorteile: zum einen finden die in den Vorbemerkungen genannten Unternehmensziele auf Arbeitgeber- und Arbeitnehmerseite Erwähnung; zum andern gründet der Erfolg des Unternehmens auf der phänomenologischen Ebene auf einer breiten Allianz von Kapital- und Arbeitnehmerseite; weiter können die für das Unterrichtsergebnis relevanten Ziele abschnittsweise erarbeitet werden; schließlich ist der lockere Spiegel-Stil angetan, trockene betriebswirtschaftliche Termini altersgemäß zu transportieren.

Resultat der Lektüre sind folgende Begriffe, die im Tafelbild festgehalten werden (dem Textverlauf entsprechend s. Tafelanschrieb links).

Ziele der Kapitaleigner: Qualität, Unabhängigkeit (Aktienverteilung), politische Einflußnahme (Steuerzahlungen), Kontakte mit bedeutenden Bankiers (Finanzierung), Prestige, Umsatz, Gewinn, Risikovorsorge, Investitionen in neue Produkte und fremde Branchen. Unternehmensidentität ist das Schlüsselwort und die Klammer, die Arbeitgeber mit Arbeitnehmern verbindet. Deren Motivation wird vom Einkommen (plus Sonderleistungen), guten Arbeitsbedingungen und sicheren Arbeitsplätzen geprägt.

Unterrichtsschritt 3:
Bilanz, Gewinn-/Verlustrechnung und Wertschöpfung

Jedes Unternehmen ist verpflichtet, am Ende eines jeden Geschäftsjahres einen Abschluß zu erstellen, der aus einer Bilanz (zu einem bestimmten Stichtag), einer Gewinn- und Verlustrechnung (pro Jahr), einer Inventur (Bestandsaufnahme vorhandener Vermögensgegenstände und Schulden) und bei Aktiengesellschaften auch einem Geschäftsbericht besteht (§ 34 Handelsgesetzbuch und §§ 148 und 160 des Aktiengesetzes).

Der Lehrer klärt zunächst in einem kurzen Lehrervortrag die definitorischen Unterschiede der Abschlüsse (Angaben nach Jens Gottweis: Rollenspiel: Ein Unternehmen in der Krise. Köln 1976, S. 21–29); die wichtigsten Begriffe gehen in das Tafelbild (Mitte) ein:

a) Bilanz: Gegenüberstellung von Kapital und Vermögen (Passiva bzw. Aktiva). Passiva sind alle Schulden gegenüber Beteiligten und Gläubigern; diese Seite zeigt die Herkunft der Mittel, in Eigen-, Fremdkapital und Rücklagen aufgeteilt. Die Aktivseite gibt Auskunft über die Verwendung der Mittel und enthält „Anlagevermögen" und „Umlaufvermögen." Beide Seiten der Bilanz sind Ausdruck derselben Wertgesamtheit, d. h. derselben Bilanzsumme.

Kurzerläuterungen zu den einzelnen Posten gehen in den Lehrervortrag ein:
Anlagevermögen: „Sachanlagen" wie Grundstücke, Gebäude und Maschinen, „Finanzanlagen" wie Beteiligungen, Wertpapiere und Ausleihungen
Umlaufvermögen: Rohstoffe, Halb- oder Fertigerzeugnisse, Vorräte, Forderungen an Kunden, Kassenbestand, Bankguthaben, sonstiges Vermögen
Grundkapital: Nennwert aller Aktien bei Gründung der Gesellschaft
„Goldene Bilanzregel": volle Deckung des langfristig gebundenen Anlagevermögens durch Eigenkapital sowie volle Deckung des Anlagevermögens sowie des dauernd gebundenen Teils des Umlaufvermögens durch Eigenkapital und langfristiges Fremdkapital

Vorschlag für eine Folie
(6. Stunde, Unterrichtsschritt 3)

Geschäftsbericht von Daimler-Benz 1984

DAIMLER-BENZ AG
AUS DEM KONZERNABSCHLUSS

AKTIVA	31. Dezember 1983 Mill. DM	1984 Mill. DM	GEWINN- UND VERLUSTRECHNUNG 1. Januar bis 31. Dezember 1983 Mill. DM	1984 Mill. DM
Anlagevermögen	7.743	8.228		
davon Sachanlagen	7.199	7.537		
Umlaufvermögen	17.084	20.398	Umsatzerlöse 40.005	43.505
davon Flüssige Mittel	7.360	9.554	Materialaufwand 20.299	22.707
			Personalaufwand 10.941	11.598
PASSIVA			Abschreibungen 2.574	2.828
			Steuern 3.263	3.027
Eigenkapital	7.547	8.530	Jahresüberschuß 988	1.104
davon Grundkapital	1.699	1.699	Ausschüttung 355	356
Fremdkapital	17.088	19.888		
davon Rückstellungen	9.546	11.349		
Bilanzsumme	24.827	28.626		

Dividendenbekanntmachung
Für das Geschäftsjahr 1984 wird eine Dividende von 10,50 DM je 50-DM-Aktie gezahlt. Zusammen mit der anrechenbaren Körperschaftssteuer ergibt sich damit ein Gesamtbetrag von 16,41 DM für unsere inländischen Aktionäre.

Auswertungshinweise:
1. Was steckt hinter den einzelnen Posten?
2. Welche Auswirkungen hat wohl der Jahresgewinn von über 1 Mrd. DM auf den Konzern und die Marktkonkurrenz?

---

b) Gewinn-/Verlustrechnung: Sämtliche Erträge und Aufwendungen einer Abrechnungsperiode werden einander gegenübergestellt und als Differenz der Gewinn oder Verlust ermittelt.
Erläuterungen:
Umsatzerlöse: sämtliche Verkäufe von Gütern und Dienstleistungen
Materialaufwand: der mit DM bewertete Verbrauch an Roh- und Betriebsstoffen
Personalaufwand: Löhne und Gehälter inkl. Sozialaufwendungen
Abschreibungen: Wertverzehr am Anlagevermögen (Gebäude bis zu 30 Jahren, Maschinen bis zu 10 Jahren)
Steuern: sowohl auf a) Gewinne als auch auf b) gewinnunabhängige Steuern (Vermögen, Gewerbekapital, Grundstücke u.a.)

Im Anschluß an die Lehrerdarbietung analysieren die Schüler Bilanz und Gewinn-/Verlustrechnung der Firma Daimler-Benz (1984); s. oben Vorschlag für eine Folie.
Beide Abschlüsse sind inhaltlich und formal bereits didaktisch entlastet (Zeitungsanzeige!) und in Tabellenform auch für Schüler zu bewältigen. Zur Aktualisierung können jeweils im Juli d. J. die neuesten Geschäftsberichte den überregionalen Zeitungen entnommen werden.
Zum Abschluß gibt der Lehrer noch den Hinweis, daß die Unternehmen betriebs- und volkswirtschaftlich „Wert schöpfen"; sie erläutern dies (s. Tafelanschrieb c).

Unterrichtsschritt 4:
Hinter den Gewinnzahlen: Die Wirklichkeit des Arbeitslebens

Bei den Erfolgszahlen von Großunternehmen wird oft vergessen, daß die Arbeitsbedingungen häufig beklagt werden: zwar stimmt die Entlohnung, doch werden die Gestaltung der Arbeit kritisiert und negative Auswirkungen auf die Persönlichkeit des Arbeitnehmers gesehen. Der Betriebspfarrer Paul Schobel hat in seinem Protokollband „Dem Fließband ausgeliefert" (München 1984) Fließbandarbeiter zu Wort kommen lassen. Der nachfolgende Bericht des 35jährigen Ortwin, der bereits 17 Jahre in seiner Firma arbeitet, kann als Vorlesetext oder als Erlebnisbericht dargeboten werden. Einzelne Textpassagen („essentials") sind unterstrichen, damit der Lehrer bereits beim Vortrag Wesentliches betonen kann. Der Tafelanschrieb folgt inhaltlich den wichtigsten Aussagen.

Hier der Erlebnisbericht:

Ich heiße *Ortwin* und bin *35 Jahre* alt. Seit wenigen Monaten von meiner Frau *geschieden*, mit der ich 14 Jahre verheiratet war. Unsere Tochter Carmen mit ihren 13 Jahren lebt bei meiner Ex-Frau. Ich will zunächst erzählen, wie ich überhaupt Fließbandarbeiter geworden bin. Nach Abschluß der Volksschule habe ich in einer Klein-Geräte-Firma unserer Gegend eine Lehre als Werkzeugmacher angefangen. Im zweiten Lehrjahr habe ich aber diese Lehre abgebrochen. Warum? [...]
Es kam mir einfach aufs Geld an. So kam ich also, nachdem ich gerade 18 Jahre alt geworden war, zur *Fertigmontage, wo am Fließband und in Schicht* gearbeitet wurde. Mein Arbeitsplatz war in der sogenannten Grube, damals in der alten Halle tatsächlich noch ein *betonierter Kanal*, in dem es im Sommer wahnsinnig heiß war. Ich mußte die *Gelenkwellen montieren*, eine Sau-Arbeit! Jede von diesen Dingern wog um die *10 kg*. Mit beiden Händen wuchtet man sie an den Wagenboden, hält sie dann mit der einen Hand und schraubt sie mit der anderen fest. Diese sogenannte Überkopf-Arbeit ist reinste Knochenarbeit. Erst seit einem Jahr werden die Gelenkwellen beim neuesten Typ automatisch hochgehoben. [...]
Manchmal wurde ich auch wieder „*strafversetzt*" an eine Station, denn ich war für die Vorgesetzten nicht immer leicht genießbar, weil ich meine Meinung sage.
Bei der Fließbandarbeit ist man total abhängig. Das Band steuert die Geschwindigkeit. Du hast überhaupt nichts zu melden. Der Rhythmus ist einfach vorgegeben. Und man muß schwer schauen, daß man mitkommt und seine Arbeit auf der Strecke tut, die dafür vorgesehen ist.
Wenn man nicht nachkommt, gibt's *Krach mit den Kollegen*. Unwillkürlich kommt man mit denen ins Gehege und dann sind die stocksauer, weil man ihnen im Weg herum springt. Ärger untereinander gibts aber auch dann, wenn das Band wieder mal wegen einer technischen Störung stehen bleibt, die Wagen aber doch noch mit erhöhtem Tempo gefertigt werden müssen. Das Band läuft einfach schneller. Man wird gereizt und gibt die Schuld den anderen. In letzter Zeit ist dieser Zustand fast untragbar geworden. Jede Störung wird durch schnelleres Tempo wieder aufgeholt.
Bedingt durch die Überkopfarbeit tut mir *jeden Abend das Genick weh.* Am Anfang hält man es auch in den Armen fast nicht aus. Ständig nach oben schauen und nach oben arbeiten ist unheimlich anstrengend. Gehen kann man in der Grube nur gebückt. Anfangs schlägst du dir dabei ständig den Schädel an. Denn aufrecht stehen kann man nur zwischen den Achsen des Fahrzeugs.
Aber da kommen noch die *Probleme der Schichtarbeit* hinzu. Seit 17 Jahren arbeite ich nun in Wechselschicht, früh oder spät im wöchentlichen Turnus. Auch ich habe

Schlafstörungen, wie alle anderen auch, vor allem von Sonntag auf Montag, wenn man Frühschicht hat. Mit Sicherheit klagen 90% meiner Kollegen, daß sie in dieser Nacht kaum oder *hundsmiserabel schlafen*. Mit dem Magen habe ich auch Probleme. *Gastritis,* sagt der Arzt. Das käme von den wechselnden Mahlzeiten.

Das *Problem meiner Ehescheidung* will ich nicht einfach der Schichtarbeit in die Schuhe schieben. Aber mit Sicherheit ist die auch mit dran schuld. Wir arbeiteten in „Gegenschicht", d. h. immer versetzt, nie gemeinsam. Einer mußte ja immer fürs Kind da sein, solange es noch klein war. In der Gegenschicht sieht man sich während der Woche praktisch kaum. Wenn ich frühmorgens das Haus verließ, schlief meine Frau noch, denn die kam ja sehr spät von der Schicht nach Hause. Und wenn ich mittags dann heimkam, war sie schon weg. [...]

Nach der Schicht gibts bloß eines: abschalten! Wenn ich Frühschicht habe, schlafe ich danach grundsätzlich 2 Stunden. Anders halte ich das nicht aus. Dann mußte ich, solange ich noch verheiratet war, den Haushalt machen und meiner Tochter bei den Schulaufgaben helfen. *Und abends schaut man halt in die Glotze.* Ein richtig festes Hobby habe ich nicht, obwohl ich schon vielerlei angefangen habe: Schallplatten und Briefmarken sammeln, Fotografieren usw. Nichts von alledem habe ich richtig betrieben. Nach der Schicht hast du zu nichts mehr richtig Lust. Was mir in den letzten Jahren richtig Spaß gemacht hat, war mein Motorrad. Da bin ich jeden Tag rausgefahren. „Nichts wie raus..." Denn nachdenken darfst du bei dieser Arbeit nicht. „Nach spätestens 10 Jahren wirst ein Depp...", sagt man im Geschäft. Die Gedanken über die Arbeit mußt du ganz hinten im Kopf behalten, damit ja nichts vorkommt. Auf dem Motorrad habe ich all das vergessen. Allerdings war es auch nicht unschuldig daran, daß dann meine Ehe auseinanderging.

Materiell geht's uns in dieser Firma gut. Man verdient entsprechend und kann sich einiges leisten. Und das ist auch der einzige Grund für diese Arbeit: die Kohlen stimmen. Netto habe ich im letzten Jahr DM 1800,- monatlich verdient. [...]
Jetzt mach ich halt mal so weiter. Mein Hauptproblem momentan ist ja vielmehr, daß ich wieder einen Lebenspartner finde. Mich beruflich nochmal verändern, ist zu spät, das schaff ich jetzt nicht mehr.

Ortwin, 35

(aus: Paul Schobel: Dem Fließband ausgeliefert. Ein Seelsorger erfährt die Arbeitswelt. München-Mainz 1984, S. 86–89)

Die Schüler geben wieder, welche Faktoren Ortwin seine Arbeit verleiden und welche Folgen er beklagt (s. Tafelanschrieb).

Ergänzung:

Bei mehr Zeit für diesen Unterrichtsschritt fungiert ein Raster des Sozialwissenschaftlers Hendrik de Man als Auswertungshilfe. Nach seinen Erhebungen können arbeitstechnische, innerbetriebliche und soziale Faktoren die Arbeitsfreude einschränken (nach Holm Gottschalch: Historische Stationen auf dem Leidensweg der Arbeitsfreude im Spiegel psychologischer Theorien und empirischer Erhebungen, in: Soziale Welt, 1979, S. 439–468, hier: S. 463). Der Arbeitsauftrag lautet in diesem Falle: Ordnet Aussagen Ortwins in das Raster ein.

Unterrichtsschritt 5:
Die Lösung?
Wenn Arbeiter zu Unternehmern werden

Kapital- und arbeitsorientierte Interessen verlieren ihre Gegensätze, wenn aus der Not neue Formen der Unternehmensführung entstehen. Experimente selbstverwalteter Unternehmungen gibt es seit einigen Jahren in allen Teilen der Welt. Zu bundesdeutschen Wirtschaftsstrukturen analog verhält sich das Belegschaftsexperiment eines amerikanischen Stahlunternehmens.

Die Schüler erhalten den Bericht über das Selbstverwaltungsmodell Weirton Steel aus didaktischen und zeitlichen Gründen nicht in Textform, sondern über Schlagwörter, die einem Zeitungsfeature entnommen sind (Helmut Maier-Mannhart, in: Süddeutsche Zeitung Nr. 187, 16. 8. 1985, S. 22).

Wenn Stahlarbeiter zu Unternehmern werden
Weirton Steel: Vom Pleitekandidaten zum Profitbetrieb

- Abstimmung: Mehrheit für Übernahme
- Neues Management
- Im Jahr 1984, dem Jahr Eins in den Händen der Belegschaft, stieg die Produktion auf 2,1 (i. V. 1,8) Mill. Tonnen, der Umsatz auf 1,07 Mrd. $. In zwölf Monaten konnte das Eigenkapital von Null auf 60 Mill. $ gebracht werden.
- Aufschwung
- Arbeitskosten um 32% gesenkt
- Lohneinbuße von 20%
- Gewinnbeteiligung
- Beiträge zur Verbesserung des Arbeitsablaufes
- quality circles
- Keine verkrusteten Strukturen
- Jedermanns Wort findet Beachtung
- Persönliches Interesse geweckt
- Situation braucht: Dynamik, Marktgespür, Begeisterungsfähigkeit und ein extremes Gefühl für die Zusammenarbeit zwischen Management und Arbeiterschaft.
- Hunderte von Anfragen aus allen Teilen des Landes
- Geschichte von persönlicher Courage, Kompromißbereitschaft und Solidarität Tausender von Menschen

Diskussionshinweise:
1. Schildert Bedingungen, Schwierigkeiten und Erfolge bei der Betriebsübernahme.
2. Welche Möglichkeiten und Probleme seht ihr bei der Verwirklichung selbstverwalteter Unternehmen in Deutschland?

Die Antworten zur ersten Frage ergeben sich aus der Zusammenstellung der Schlagwörter (s. oben). Zur Diskussion der zweiten Frage dienen Beispiele aus krisengeschüttelten bundesdeutschen Industrien als Impulse (z. B. Werften, Elektrobranche usw.); das Gespräch dazu geht von den Erfolgsfaktoren bei Weirton Steel aus; sein Ergebnis ist notwendigerweise offen.
Eine Belebung kann die Frage: Würdest du in einem selbstverwalteten Unternehmen mitmachen? auslösen.

Mögliche Hausaufgabe:

Vergleich zweier Büroordnungen aus den Jahren 1870 und 1995 (s. Vorschlag für eine Hektographie, 7. Stunde, Unterrichtsschritt 1, S. 58).

7./8. Stunde:
Technischer Wandel (Doppelstunde)

Fachwissenschaftliche und didaktische Vorbemerkungen

Den Lebensstandard halten, die Arbeitszeit verkürzen, neue Produkte auf den Markt bringen, menschliche Selbstbestimmung erweitern, die Arbeitslosigkeit beseitigen bei immer mehr Computern und Robotern – wie macht man das? Was alles ist noch machbar? Und: Wer entscheidet darüber in der Zukunft?
Das angebrochene Computerzeitalter hat oft schon Antworten parat, bevor wir uns Fragen stellen. Vielfach sind Computer zu heimlichen Lehrsystemen geworden, bevor Lehrpläne darauf reagierten: thematische Anknüpfungspunkte existieren zwar: Automation, Rationalisierung, technischer Fortschritt, Strukturwandel usw. Eine didakti-

sche Gesamtkonzeption im Blick auf die Neuen Technologien fehlt jedoch. So fließen in den einzelnen Bundesländern je eigene politische Projektionen und Reaktionen auf die Technikpotentiale in die Lehrpläne, als da sind:
– Warnungen vor einem technologischen Analphabetentum. Folge: Die Schule hat einen Akzeptanzbeitrag zu leisten, wobei nicht immer ersichtlich ist, was akzeptiert werden soll, die Technologie oder ihre negativen Auswirkungen. Promoterin dieses Postulats ist die frühere Bildungsministerin Dorothee Wilms: „Die Herstellung der Akzeptanz des technischen Fortschritts ist daher eine existentielle Frage."
(aus: Zukunftschancen der Jugend durch technischen Fortschritt, Vortrag vor dem Deutschen Atomforum, 1983).
– Eine andere Richtung sucht im Kielwasser der „neuen sozialen Bewegung" nach Freiräumen für Kreativität, Bildung und humane Arbeits- und Lebensbedingungen im pädagogisch-vernünftigen Umgang mit Neuen Technologien. Möglichen negativen Folgen der neuen Techniken ist allerdings politisch, nicht pädagogisch beizukommen.

Angesichts beider Ideologisierungen ist zu bemerken, daß sich die Neuen Technologien im Entweder-Oder-Schema weder aufhalten, noch hundertprozentig legitimieren lassen. Umfragen ergeben seit Jahren konstant eine ca. 40%ige Zustimmung bzw. Ablehnung gegenüber dem technischen Fortschritt. Im Schulunterricht dürfen die Neuen Technologien nicht derart polarisiert dargestellt werden; es kommt darauf an, sie menschlichen Zwecken unterzuordnen.

Dazu ist es notwendig,
1. ansatzweise technische Grundlagen zu verstehen, um deren gesellschaftliche Bedeutung beurteilen zu können;
2. Anwendungen neuer Technologien zu kennen, um Auswirkungen einzuschätzen;
3. ökonomische Ursachen und Folgen zu analysieren;
4. Chancen und Risiken auf Arbeitsbedingungen und Qualifikationsstrukturen hin abzuwägen;
5. Unterschiede zwischen menschlichen und technologischen Leistungen festzuhalten, um einer Informatisierung menschlicher Beziehungen vorzubeugen.

Zu 1) Was sind „Neue Technologien"? „Neue Technologien" und „Mikroelektronik" werden häufig synonym und symbolisch für technischen, ökonomischen, gesellschaftlichen und sozialen Wandel gebraucht. Im engeren Sinn haben sie mit neuen Informations- und Kommunikationstechniken zu tun, wenn man die Gen- und neuen Rohstofftechniken (Keramik) ausklammert. Betrachten wir dazu ein übersichtliches Schaubild (s. S. 51)
(aus: DGB-Bundesverband (Hrsg.): Neue Technologien. Gefahren, Chancen, Perspektiven. DGB Schwerpunktthema 1985/86, o.V., Düsseldorf 1985, S. 2/19)

In Verbindung von freier Programmierbarkeit und Nachrichtentechnik setzen neue Technologien Mechanik-, Hardware- und Softwarekomponenten voraus. Zum ersten Bereich gehören Roboter, numerisch gesteuerte Maschinen, Datensichtgeräte und Haushaltsgeräte, zum zweiten Computer, Chips und Mikroprozessoren (Glossar s. erster Teil der Doppelstunde) mit ihren logischen (Binärcodierung, 3 logische Grundentscheidungen) und chemisch-physikalischen Grundlagen (Siliziumkristalle, Halbleiter usw.) Der dritte Bereich umfaßt Anwendungsprogramme und die Art der Programmierung. Wichtig ist, daß eine so beschriebene Technik nicht per se entsteht; gerade bei den Neuen Technologien ist ein Blick auf die historische Entstehung dringlich, um menschliche Veränderungsmöglichkeiten herausarbeiten zu können.

Ein recht umfangreicher Text „Technologischer Wandel. Wie sich die Menschen die Arbeit erleichtern", der auch für den Unterricht vorgeschlagen wird, liegt im Periodikum Wochenschau, Nr. 4, 1985, S I, S. 124–126, vor. Für den engeren Bereich „Entwicklung der Mikroelektronik" ist folgender Artikel zu empfehlen: Hans-Hermann Hartwich: Miktroelektronik-Schlüsseltechnologie der achtziger Jahre, in: Gegenwartskunde 32, 1982, S. 33–35.

Was sind eigentlich Neue Technologien?

Informations- und Kommunikationstechnologien

Mikroelektronik
Computertechnologie zur Organisation und Steuerung von Arbeitsprozessen

Nachrichtentechnik
Digitalisierung, neue Übertragungstechniken, z. B. Glasfaser, Überwindung zeitlicher und räumlicher Grenzen

Verwaltung
z.B. – CTV
– CSB
– elektronische Post

Produktion
z.B. – CAD/CAM
– Industrieroboter
– NC, CNC-Maschinen
–

Dienstleistung
z. B.
– Scanner-Kassen
– Geldautomaten
– CSB
–
–
–
–
–

Fernmeldenetz, Netze für Daten- und Textübertragung

Telefonnetz ⎫
             ⎬ ISDN
IDN   ⎭

Universalnetz (e. Bildübertragung)

neue Medien in Büros und privaten Haushalten
z. B.
- BTX
- Kabel-TV

Biotechnologie

Überwindung der Grenzen natürlicher Evolution

Gentechnik — neue Verfahren

| Pharma |
| Chemie |
| Energie |
| Ernährung |
| Landwirtschaft |

neue Werkstoffe

neue Möglichkeiten der Automatisierung

z.B

| Keramik |
| Kohlefaser |

Computernetze → Datenbanken

elektronisierte Gesellschaft?

CTV = computergesteuerte Textverarbeitung
CSB = computergesteuerte Sachbearbeitung
CAD = computergesteuertes Konstruieren und Zeichnen
CAM = computergesteuerte Fertigung
NC = numerisch gesteuerte Werkzeugmaschinen
CNC = computergesteuerte Werkzeugmaschinen
IDN = Integriertes Fernschreib- und Datennetz
ISDN = Integriertes Sprach- und Datenübertragungsnetz
BTX = Bildschirmtext

Zu 2) „Schlüsseltechnologie" wird die Mikroelektronik genannt, weil sie im Wirtschaftsbereich, aber auch für persönliche, gesellschaftliche und staatliche Funktionen anwendbar ist. Der Club of Rome nennt in der Frühphase erkennbare Anwendungsgebiete:
- neue Informations- und Kommunikationssysteme
- Stimmidentifikation und -synthese
- Tele-Video-Konferenzen
- medizinische Diagnose und Prothesen
- computerisierte Unterrichtssysteme
- die elektronische Uhr und den elektronischen Rechner
- den Mikrocomputer für den Privatgebrauch
- Verbesserung des Verbrennungsmotors
- verbesserte Brennstoffausnutzung
- Haushaltsgeräte verschiedenster Art, wie programmierte Waschmaschinen und Geschirrspüler, Nähmaschinen und womöglich der Heimroboter
- Auswahl und Wiederauffinden von Informationen
- automatische Übersetzung und Interpretation
- neuartige Verkehrskontrollsysteme
- neue öffentliche Verkehrssysteme
- computerisierte Konstruktions- und Designverfahren
- computergesteuerte Mehrzweck-Werkzeugmaschinen
- Zentralsteuerung von großen Industrieanlagen (Ölraffinerien, chemischen Anlagen und Stahlwerken)
- die automatisierte Fabrik
- das automatisierte Büro
- neue Systeme in den Bereichen Bankwesen, Geldüberweisung, Versicherung usw.
- Überwachung der Umwelt
- Optimierung der landwirtschaftlichen Erträge durch computerisierte Analyse der das Wachstum beeinflussenden Faktoren
- elektronische Post

(aus Hans-Hermann Hartwich, a.a.O., S. 36f.)

Hinweise zu Anwendungsgebieten der Mikroelektronik:

a) Das Büro der Zukunft kann mit überaus anschaulichen Materialien von Rolf Mehldau (in: arbeiten und lernen, Nr. 38, 1985, S. 33–40) bearbeitet werden.
b) Die Fabrik der Zukunft kann man in der materialreichen und engagierten Zusammenstellung der Gewerkschaft Erziehung und Wissenschaft im DGB, Mülheim 1985, bes. S. 21–40, kennenlernen.

c) Der Einfluß der neuen Technologien auf private Haushalte, inklusive des Problems der Gesamtvernetzung der Gesellschaft, ist graphisch und in kritischer Würdigung bei H. Kubicek: Bildschirmgeräte, in: a+l 41, 1985, S. 2–8 zu finden.

Zu 3) Von der ökonomischen Seite her sind folgende Entwicklungen von Bedeutung: Die neuen Techniken arbeiten schneller und billiger, sind kleiner, flexibler und energiesparender als die ersetzten Produktionsmittel, damit: produktiver, flexibler und universeller einsetzbar. – Für die nächsten Jahre rechnet man mit ca. 25 000 neuen Produkten sowie Wachstumsraten zwischen 10 und 30%. „Setzt man den Nutzungsgrad von Mikroelektronik für das Jahr 2000 mit 100% an, so beträgt er gegenwärtig 5%, im Jahre 1990 soll er 25% betragen." (diese und die folgenden statistischen Angaben nach Dieter Bullinger: Die Neuen Technologien, in: aus politik und zeitgeschichte, 4, 1985, S. 47–61)
Entscheidend in diesem Zusammenhang ist die Wettbewerbsfähigkeit der westeuropäischen (deutschen) Industrie. Nur ca. 10% der Mikroelektronik wird in Westeuropa produziert, jedoch ca. 25% der Welterzeugung verbraucht. Sollte dieser Rückstand nicht aufgeholt werden, befürchten Industriekreise Einbrüche wie in der Uhrenindustrie, die den Technologieschub der 70er Jahre nicht verkraftete: der Importanteil stieg innerhalb weniger Jahre von ca. 10% auf 90%.
Die Wachstumshoffnungen lassen sich aber nur realisieren, „wenn über die bisherigen Schwerpunkte im Betrieb hinaus auch auf die privaten Haushalte ausgedehnt würde".
(Herbert Kubicek: Die Zukunft des Alltags, in: betrifft erziehung, April 1985, S. 20–27, hier: S. 23). Die Volkswirtschaft erhofft sich in der Wachstumskrise neue Schubkräfte durch die Neuen Technologien. Allein die Bundespost investiert in den nächsten 30 Jahren ca. 300 Mrd. DM in btx, elektronische Fernsprechvermittlung, ISDN-Konzept (Integrated Services Digital Network mit Sprach-, Daten-, Text-, Bildschirm- und Kopieübertragung in zweifacher Ausfertigung). Weitere Vernetzungsofferten würde die Glasfaserverkabelung ermöglichen, z. B. Pay tv, pay per view, . . . – doch dies fordert neue 300 Mrd. Investitionskosten.
Von daher wird auch das Akzeptanzgebot verständlich. Wirtschaftliche Folgen sind:
- Rationalisierungsprozesse durch Schreibautomaten, Roboter und Konstruktionsmaschinen;
- Substitutionsprozesse; Mechanik wird durch Elektronik, Papier durch Bildschirme, Kupfer durch Glasfaserkabel ersetzt.

Chancen	Technikpotentiale	Risiken
In Abhängigkeit von der Anwendung und begleitenden Maßnahmen besteht für bestimmte Gruppen die Möglichkeit für	Der Technikeinsatz erfordert/ermöglicht	In Abhängigkeit von der Anwendung und begleitenden Maßnahmen kann dies für bestimmte Gruppen führen zu
höhere Einkommen geringere Arbeitsintensität mehr Mitbestimmungszeit im Betrieb mehr Freizeit	Produktivitätssteigerungen	Entlassungen Abgruppierungen Schichtarbeit Arbeitsintensivierung stärkeren Belastungen
Arbeitsvereinfachung Arbeitsanreicherung Belastungsabbau Eigensteuerung	Neugestaltung von Arbeitsinhalten und Arbeitsorganisationen	erhöhter Monotonie Dequalifikation Belastungsverstärkungen oder -verschiebungen
Eigenkontrolle verbesserten Informationszugang verbesserte Erreichbarkeit von Kommunikationspartnern	Neugestaltung von Information und Kommunikation	verstärkten Leistungs- und Verhaltenskontrollen Abhängigkeit von unüberschaubaren Systemen sozialer Isolation
Delegation von Kompetenzen Transparenz von Entscheidungsprozessen weniger autoritäre, stärker kooperative Beziehungen neue Formen überschaubarer betrieblicher Organisationseinheiten neue Formen der bedürfnisgerechten Verbindung von Beruf und Freizeit	Neugestaltung von Entscheidungs- und Machtstrukturen	Begrenzung von persönlichen Entfaltungsmöglichkeiten unsichtbaren Kontrollen erhöhter Disponierbarkeit durch den Arbeitgeber Verstärkung des Informationsvorsprungs des Arbeitgebers Verdunstung von Verantwortung und Erschwernissen für politische Auseinandersetzungen Isolierung, Vereinzelung bis hin zu Heimarbeit und damit Aushöhlung kollektiver Interessenvertretung

Zu 4) Eine synoptische Zusammenstellung von Chancen und Risiken der Neuen Technologien erarbeiteten Herbert Kubicek und Arno Rolf in: Mikropolis. Hamburg 1985, S. 302 (s. oben).
Die Auswirkungen der Neuen Technologie schwanken zwischen Horrorvisionen bis zu rosaroten Zukunftsbildern. Einige Trendaussagen seien trotzdem erlaubt:

– Kaum eine Branche, kaum ein Beruf wird völlig von Veränderungen ausgeschlossen bleiben.
– Für die Berufsqualifikationen gilt: handwerkliches Geschick wird durch intellektuelle Leistungen wie Konzentration, Genauigkeit, Verläßlichkeit, abstraktes, analytisches Denken und soziale Befähigungen wie Kommunikations- und Entscheidungsfähigkeit verdrängt.

– Quantitative Zahlen für den kommenden Arbeitsmarkt sind widersprüchlich: Der DGB sieht allein für Büros und Verwaltung 3 Millionen Arbeitslose, die Bundesregierung prognostiziert dagegen einen leichten Beschäftigungsfortschritt.

Zu 5) Wenn der IG-Metall-Vorsitzende Steinkühler von drei Gefährdungen spricht, nämlich der Vernichtung von Arbeitsplätzen, Gefährdungen der Gesundheit und einer Entwertung beruflicher Qualifikation (s. Frankfurter Rundschau vom 10. 7. 1985, S. 14), so vernachlässigt er eine Folge, welche die anderen Risiken immer neu generieren könnte: die Verdrängung zwischenmenschlicher Kommunikation. Otto Ulrich hat in seinem Aufsatz: Informationstechnik und gesellschaftliche Zukünfte (in: aus politik und zeitgeschichte 9, 1985, S. 41–54) komprimiert und leicht nachvollziehbar den Einfluß der Computer-Logik auf unser Denken beschrieben (S. 45):

Computer beruhen ihrer ganzen Funktionsweise nach auf der Formalisierung von Entscheidungsstrukturen. Die einzige Logik, die ihnen entspricht, kann nur nach den Kriterien richtig oder falsch vorgehen (binäre Logik). Die dazu notwendige Formalisierung inhaltlicher Aussagen erfolgt dergestalt, daß genau definiert wird, welche Form Aussagen besitzen müssen, und daß nur eine bestimmte Kombinatorik zulässig ist (*und* und *oder* und *nicht*), die dann nach ihrem jeweiligen Wahrheitsgehalt abgefragt wird. Dieses algorithmische Verfahren zur Lösung von Problemen ist einem Spiel, z. B. dem Schachspiel, vergleichbar; es funktioniert nur, wenn die Spielregeln vorher festgelegt sind und sich alle daran halten. Solche Lösungsverfahren können sehr komplex, ja fast unübersehbar sein; ihr mechanischer Charakter bleibt aber auch dann erhalten. Gerade die Logik der Computerprogramme veranlaßt zu der Meinung, der Computer befreie von dem Routinehaft-Wiederkehrenden. Er befreit die Betroffenen nicht davon, sondern konfrontiert sie an ihrem Bildschirm-Arbeitsplatz ständig mit derartigen streng geregelten Abläufen.
Kein Problem kann durch einen Computer erklärt werden, er kann es nur zerlegen und damit bearbeitbar machen. Computer simulieren Wirklichkeit, aber nur in der Form, daß alle Uneindeutigkeit im integrierten Schaltkreis verschwindet. Auf diesen formalen Vorgängen der Null-Eins-Logik des Computers baut sich nun der Prozeß der „Informatisierung" weiter auf. Damit der Computer (und immer mitgedacht die zahllosen anderen digital operierenden Telekommunikationsgeräte) überhaupt arbeiten können, müssen alle sachlichen und sozialen Informationen in eine maschinengemäße Form – also in Nullen und Einsen – aufgelöst werden. Diese mittlerweile industriemäßige Aufbereitung der Wirklichkeit in eine „künstliche Realität" geht auf die spezifische stoffliche Natur des Produktes, nämlich der besonderen Ware „Information" zurück.
Im Gegensatz zu anderen Produktionsprozessen ist das Produkt „geistiger" Arbeit, die Information, ein *immaterielles* Produkt. Mit der maschinellen Aufbereitung der Daten können die Objekte – Sachen und Personen – quasi durch eine Verdoppelung informationell abgebildet werden. Neben den „Originalen" existiert danach ein informationelles Abbild eines Objektes, ein sogenannter Datenschatten. Diese Datenschatten sind selektive Abstraktionen der Wirklichkeit. Ein Schatten zeigt jedoch nur die Umrisse etwa einer Person oder eines Sachverhaltes, wobei sich die Form des Umrisses danach bestimmt, aus welcher Perspektive die „Beleuchtung" erfolgt. Charakteristisch für den Verdatungseffekt ist vor allem seine „Unsichtbarkeit".

Die Qualität Neuer Technologien definiert sich vor allem durch dieses unsichtbare Black-box-Phänomen.
Direkte menschliche Kommunikation impliziert im Gegensatz dazu „die Fähigkeit zur Erörterung von Sinn- und Wertfragen, die Fähigkeit zur Strukturierung von Problemen, zum Erkennen von Begründungskontexten und Ideologien sowie soziale Kompetenzen wie Kooperationsfähigkeit". (Herbert Kubicek: Bildschirmgeräte, in: arbeiten und lernen, 41, 1985, S. 2–8, hier: S. 7). Wer wollte bestreiten, daß diese Qualitäten, die ein Computer nicht aufweisen kann, essentielle Voraussetzungen eines demokratischen Systems sind?!
Zur Didaktik der Stunden gehört demnach auch die Klärung der Frage, auf welcher (Wert-)Basis wir im 21. Jahrhundert kommunizieren wollen.

Warum dieser lange Vorspann?
Eine vorschnelle Vermittlung von Fakten zu den Neuen Technologien ist nicht ratsam, weil deren Innovationsgeschwindigkeiten

selbst ein Argument gegen übereifrige Aktualisierungen liefern. Stundenelemente müssen deshalb allgemeine und übertragbare Fundamentaleinblicke in die Mikroelektronik sein.

Selbst in einer Doppelstunde können die o.e. fünf inhaltlichen Problemkreise lediglich angetippt werden; wir müssen auch berücksichtigen, daß die Zeitstruktur einer Schulstunde das Thema künstlich zerschneidet. Es bietet sich an, in der einen Stunde die Chancen, in der zweiten die Risiken zu bearbeiten. Zunächst stehen also positive Zukunftsvisionen, die genialen technischen Innovationen der Neuen Technologien und wirtschaftliche Vorteile auf dem Programm. Dem Inhalt entsprechend finden spektakuläre Darstellungen Eingang in den Unterricht: Utopieentwurf, rekordverdächtige Leistungen, imposantes Bildmaterial und ein unsichtbarer „Helfer im Alltag" (Datenkassen). Mit etwas Begeisterungsfähigkeit des Lehrers können die genuin trockenen Inhalte sicher schülergerecht vermittelt werden. Risiken und Gefährdungsbereiche stehen im Mittelpunkt der zweiten Stunde. Lehreraktivitäten treten eindeutig in den Hintergrund, geht es doch hier um ein Bewußtwerden der zumeist unsichtbaren Auswirkungen von Mikroelektronik. Unterschiedliche inhaltliche Zugangswege zum Thema erfordern Gruppenunterricht, der einen großen Teil dieser Stunde beansprucht. An deren Ende steht ein Experiment, das traditionelle Methoden aufbricht: spielerisch und mit körperlicher und affektiver Beteiligung entwerfen die Schüler ihre Zukunftsvorstellungen. Im kognitiven und emotionalen Rückgriff auf die Doppelstunde und im Vorgriff auf spätere Einflußnahmen erleben die Schüler damit, daß die Neuen Technologien weniger bedrohlich als flexibel gestaltbar sind, womit ein Strukturmerkmal des technischen Wandels in die Didaktik selbst eingeht.

Ziele der Doppelstunde

Die Schüler erkennen
– technische Grundlagen der Mikroelektronik in mathematisch-logischen und physikalisch-chemischen Aspekten;
– wie ein Computer funktioniert;
– Herstellungsmodus und Anwendungsbeispiele von Mikroelektronik;
– die neue technologische Gesamtsystematik;
– Vorteile, die neue Technologien Unternehmern bieten;
– ein neues Strafdelikt: „Computermord".

Die Schüler erarbeiten
– quantitative und qualitative Unterschiede von Büroordnungen aus den Jahren um 1870 und 1995;
– historische Arbeitserleichterungen (fakultativ);
– die Zuordnung von Begriffen zu Definitionsbereichen der Neuen Technologien;
– Vorteile und Nachteile einer neuen Technik im Einzelhandel (Datenkassen);
– eine Computerprogrammierung (fakultativ);
– positive Auswirkungen des technischen Fortschritts: Produktivitätssteigerung, Arbeitszeitverkürzung, Wohlstandsmehrung;
– Gefährdungen durch Mikroelektronik;
– Expertenmeinungen zu den Gefährdungsbereichen.

Die Schüler problematisieren
– qualitative Auswirkungen einer Datenkasse;
– die Allwissenheit und partielle Überlegenheit mikroelektronischer Instrumente;
– eine gesellschaftskritische Option zur Mikroelektronik (fakultativ);
– ihre eigene Zukunft zwischen Telematik und Wertewandel.

Schulbuchhinweise:

- Gemeinschaftskunde Gymnasium. 10. Schuljahr. Schöningh, Paderborn 1985, S. 61–64 (Arbeitsmarkt und technologischer Wandel)
- Gemeinschaftskunde/Wirtschaftslehre. Baden-Württemberg. Hauptschule. Klasse 9. Schrödel, Hannover 1985, S. 119–142 (Arbeitsteilung und Automation)
- Gerhard Granacher u. a.: Arbeitsteilung – Automation. Klasse 8. Baden-Württemberg. Schrödel, Hannover 1981, S. 47–55 (Folgen von Arbeitsteilung und Automation; Fallbeispiel) dies.: Realschule. Kl. 9, 1982, Schrödel, Hannover, S. 21–29 (Veränderungen in der Arbeitswelt)
- Thema Politik A. 7.–10. Schuljahr. Klett, Stuttgart 1982, S. 102–105 (Auswirkungen des technischen Wandels)
- Gemeinschaftskunde 10. Gymnasium Baden-Württemberg. Schrödel, Hannover 1984, S. 49–51 (Arbeitsplatz und technischer Wandel)
- arbeiten und wirtschaften. Teil Wirtschaftslehre 7/8. Klett, Stuttgart 1985, S. 92–107 (Technischer Wandel in Haushalt, Freizeit, Betrieb, Verwaltung und Handel)

Zusätzliche Literatur:

- Politik. Aktuell für den Unterricht, 29, 1985, 20. 9. 1985. Thema: Chips contra jobs? (Materialien, Arbeitsblätter mit Kopiererlaubnis)
- Globus-Kartendienst. W-5560 vom 29. 4. 1985: Wettstreit um Technologie-Märkte (Vergleich des Gesamtexports von BR Deutschland, USA und Japan in Schlüsseltechnologien)
- Politik. Aktuell für den Unterricht. 15, 1985, S. 4–6: (17. 5.1985) Finanzieren bald Roboter unsere Renten? (u. a. pro und contra Maschinensteuer)
- Horst Friedrich / Michael Wiedemeyer: Industrieroboter – Chancen und Risiken, in: Gegenwartskunde 1, 1985, S. 85–94 (fachwissenschaftliche und didaktische Hinweise)
- Dorothee Wilms: Zukunftschancen der Jugend durch technischen Fortschritt, in: Zentralblatt für Jugendrecht und Jugendwohlfahrt, 70, 1983, S. 589–596 (Vortrag der Bundesministerin für Bildung und Wissenschaft)
- Das Parlament Nr. 9 vom 2. 3. 1985 (Sonderheft zum technischen Wandel)
- Ulrich Briefs: Informationstechnologie und Zukunft der Arbeit – ein politisches Handbuch zu Mikroelektronik und Computertechnik. Pahl-Rugenstein-Verlag, Köln 1984 (Grundlageninformationen für Lehrer)
- Ulrich Briefs u. a.: Im Schatten des großen Bruders. Personalinformationssysteme – Auswirkungen und Gegenwehr. Verlag Cooperative, Frankfurt 1985
- Bulmann/Lucy/Weber u. a.: Geisterfahrt ins Leere – Roboter und Rationalisierung in der Automobilindustrie, VSA, Hamburg 1984
- Politische Zeitung 30, 1982 und 37, 1984 mit den Titeln: Rutschen ins Ungewisse oder Mit der Zukunft leben bzw. Mit Medien leben
- Sozialwissenschaftliche Informationen 1, 1986: Neue Techniken – soziale Folgen (u. a.: Computer-kids, Technologiefolgenabschätzung ...)
- Wechselwirkung 22, 1984: Technik beurteilen – Technik verändern
- „Es ist eine Explosion des Quatsches", Spiegel-Streitgespräch zwischen den Professoren Klaus Haefner und Joseph Weizenbaum über Computer im Alltag. Spiegel Nr. 10 vom 2. 3. 1987, S. 92–112

7. Stunde: Neue Technologien

Einfach und voller Chancen?

Verlaufsskizze

Unterrichtsschritt 1:
Bureauordnung um 1870 / Büroordnung um 1995

Beide Texte (s. S. 58) haben die Schüler bereits zuhause vorbereitet. Nach der Lektüre hatten sie Gegensatzpaare der Büroordnungen 1870/1995 zu bilden (s. Arbeitsauftrag der Hektographie). Es ist klar, daß die Arbeitsbedingungen um 1870 restriktiv/ausbeuterisch waren. Überraschender wird es für viele Schüler sein, Zukunftsversprechungen für 1995 vorgesetzt zu bekommen.

Jedes Gegensatzpaar wird abwechselnd von einzelnen Schülern vorgelesen. Eine Bewertung findet hier noch nicht statt; statt dessen leitet der Lehrer zum Stundenthema über.

Hier die Gegensatzpaare:

1870	1995
– Arbeitszeit mindestens 12 Stunden/Tag, 6-Tage-Woche, Überstunden	– Arbeitszeit 7 Stunden/Tag, 4-Tage-Woche, freie Arbeitszeiteinteilung, auch zuhause
– Hierarchische Betriebsstruktur	– Teamarbeit
– Kurze Pausen; Sprechverbot	– Extrazeiten zum Sprechen und für Erholungspausen
– Kleidungsvorschriften	– saloppe Einheitskleidung
– Verbot von Genußmittel	– Appell an selbstverantwortlichen Konsum von Genußmitteln
– Politische Betätigung verboten, moralisch einwandfreier Lebenswandel geboten	– soziale Intelligenz gefördert
– Kein Lohn für Ferien und Krankheitszeiten	– Bezahlte Kuren zur Regeneration
– Informationspflicht an Chef	– Datenschutz

Ergänzung:
Der historische Aspekt des technologischen Wandels seit der Steinzeit ist mit einer informativen Zusammenstellung herauszuarbeiten. Damit kommt die Möglichkeit menschlicher Gestaltung ins Blickfeld: der Mensch macht Technik.
Stationen der Betrachtung:
Steinzeit (erste Werkzeuge wie Steinbeil) – seit 2000 v. Chr. bis zum Mittelalter (Kupfer/Bronze/Eisen als Arbeitsmittel, Erfindungen wie Hebel und Rad verstärken die menschliche Muskelkraft; beginnende Arbeitsteilung und Mengenproduktion) – Manufakturen seit dem 14. Jahrhundert (Zuordnungen von Maschinen) – Industrielle Revolution im 18./19. Jahrhundert (mit sozialer Frage) – Fließbandarbeit seit 1913 – Automation (Steuerung von Maschinen durch Maschinen) – Mikroelektronik seit den 70er Jahren.
Quellennachweis: Wochenschau, Nr. 4, 1985, Sek. I, S. 124–126; zusätzlich sei auf die Stundenblätter von Gertrud Waag: Arbeits- und Produktionsformen – Von der Steinzeit zur Industrialisierung. Klett, Stuttgart 1983, verwiesen.

Unterrichtsschritt 2:
Technische Grundlagen der Mikroelektronik I: Wie rechnen Computer?

Dem Lehrer fallen in dieser Phase zwei Aktivitäten zu: Im Lehrervortrag führt er seine Schüler in Grundlagen der Mikroelektronik ein; sollten Rückfragen oder Unklarheiten entstehen, kann er jederzeit auf Stützmaßnahmen zurückgreifen:
– Die Erklärung wird strukturiert durch die gewichtigsten (im folgenden Text hervorgehobenen) Begriffe, die der Lehrer sukzessive an die Tafel schreibt.
– Während des Vortrags können die Erklärungen durch Folien der Firma Siemens veranschaulicht werden (s. Hinweise im laufenden Text des LV; Bezugsquelle s. S. 61).
– Die Schüler selbst rezipieren nicht ausschließlich. Sie sind über die beiden Bearbeitungsfragen der Kopiervorlage zum aktiven Zuhören aufgefordert.
Essentials der Wissensvermittlung sind:
– Quantitative und qualitative Bemerkungen zu Computern und Chips
– Das binäre Zahlensystem mitsamt Umrechnungsübungen aus dem Dezimalsystem
– Die Übersetzung von Programmen in die Maschinensprache
– Die drei logischen Grundentscheidungen
– Worin ist der Computer dem menschlichen Gehirn überlegen?

Vorschlag für eine Hektographie
(7. Stunde, Unterrichtsschritt 1)

Bureauordnung um 1870

1. Das Personal braucht jetzt nur noch an Wochentagen zwischen 6 Uhr vormittags und 6 Uhr nachmittags anwesend zu sein. Es wird erwartet, daß alle Mitarbeiter ohne Aufforderung Überstunden machen, wenn es die Arbeit erfordert.

2. Der dienstälteste Angestellte ist für die Sauberkeit des Bureaus verantwortlich. Alle Jungen und Junioren melden sich bei ihm 40 Minuten vor Arbeitsbeginn und bleiben auch nach Arbeitsschluß zur Verfügung.

3. Während der Bureaustunden darf nicht gesprochen werden. Die Einnahme von Nahrung ist zwischen 11.30 und 12.00 Uhr erlaubt. Jedoch darf die Arbeit dabei nicht eingestellt werden.

4. Einfache Kleidung ist Vorschrift. Das Personal darf sich nicht in hellschimmernden Farben bewegen und nur ordentliche Strümpfe tragen. Überschuhe und Mäntel dürfen im Bureau nicht getragen werden, da dem Personal ein Ofen zur Verfügung steht. Ausgenommen sind bei schlechtem Wetter Halstücher und Hüte. Außerdem wird empfohlen, in Winterszeiten täglich 4 Pfund Kohle pro Personalmitglied mitzubringen.

5. Das Verlangen nach Tabak, Wein oder geistigen Getränken ist eine Schwäche des Fleisches und als solche allen Mitgliedern des Bureaupersonals untersagt.

6. Ein Angestellter, der Billardsäle und politische Lokale aufsucht, gibt Anlaß, seine Ehre, Gesinnung, Rechtschaffenheit und Redlichkeit anzuzweifeln. Weibliche Angestellte haben sich eines frommen Lebenswandels zu befleißigen.

7. Jeder Angestellte hat die Pflicht, für die Erhaltung seiner Gesundheit zu sorgen. Kranke Angestellte erhalten keinen Lohn. Deshalb sollte jeder verantwortungsbewußte Commis von seinem Lohn eine gewisse Summe zurücklegen, damit er bei Arbeitsunvermögen und bei abnehmender Schaffenskraft nicht der Allgemeinheit zur Last fällt. Ferien gibt es nur in dringenden familiären Fällen. Lohn wird für diese Zeit nicht bezahlt.

8. Jeder Angestellte hat die Pflicht, den Chef über alles zu informieren, was über diesen dienstlich oder privat gesprochen wird. Denken Sie immer daran, daß Sie Ihrem Brotgeber Dank schuldig sind. Er ernährt Sie schließlich.

(aus: PZ, Nr. 41, 1985, S. 24 f.)

Büroordnung um 1995

1. Das Personal braucht nur noch vier Tage à sieben Stunden anwesend zu sein; Arbeitsbeginn und -ende ist frei zu wählen. Bildschirmarbeit kann ersatzweise auch am heimischen Terminal erledigt werden.

2. Arbeitsverteilung und -organisation wird einvernehmlich in der Arbeitseinheit vorgenommen. Gibt es im Team keine Einigung, wird ein Schiedsmann des Betriebsrates zugezogen.

3. Während der Bürostunden ist der Angestellte verpflichtet, sich schöpferische Pausen zu gönnen. Zu diesem Zweck sind im Hause Kommunikationstreffs und Freizeitzentren eingerichtet, deren Nutzung dringlich empfohlen wird. Nur wer sich ausspricht und entspannt, wird genügend motiviert sein, sein Bestes zu leisten.

4. Eine Kleiderordnung entfällt. Jeder sollte sich so anziehen, wie er sich fühlt; Vorgesetzte haben darauf zu achten, daß sie nicht durch teure Kleidung das Selbstwertgefühl ihrer Mitarbeiter verletzen.

5. Raucher werden gebeten, ihre Klimaanlage eine Stufe höher zu stellen und bei besonders empfindlichen Kollegen Rücksicht zu üben. Gegen Alkoholkonsum ist nur dann etwas einzuwenden, wenn er den Arbeitsablauf empfindlich beeinträchtigt. Die Firma verläßt sich auf die Mündigkeit ihrer Mitarbeiter.

6. Angestellte, die sich politisch oder in einer Bürgerinitiative betätigen, werden bevorzugt eingestellt. Soziale Intelligenz ist bei den Herausforderungen der Zukunft unabdingbare Voraussetzung für erfolgreiche Mitarbeit in jedem Betrieb. Nur wer bereit ist, gesellschaftliche Verantwortung zu tragen, kann sich auch für die Belange der Firma gewinnbringend engagieren.

7. Jeder Angestellte hat die Pflicht, sich um seine Gesundheit zu kümmern. Gehen Sie lieber einmal mehr zum Arzt oder in die Kur, damit Ihre wertvolle Arbeitskraft dem Betrieb möglichst lang und ungeschmälert zur Verfügung steht.

8. Jeder Angestellte hat die Pflicht, personenbezogene Daten der Mitarbeiter und interne Firmenvorgänge mit Sorgfalt zu behandeln.

Aufgabe: Vergleiche die Büroordnungen. Bilde zu allen 8 Bestimmungen Gegensatzpaare.

Textvorschlag für den Lehrervortrag:

Die *Informatik* ist heute eines der begehrtesten und zukunftsträchtigsten Fächer an Universitäten. Dort wird man in die Geheimnisse der Computertechnik eingeweiht. Wir wollen den Schleier des Geheimnisvollen ebenfalls etwas lüften; ihr werdet sehen, daß das Computer-Chinesisch gar nicht so schwer ist:

Besonders groß sind die *Chips* (engl. etwa für Schnipsel) nicht: Was da materiell als *Hardware* vorhanden ist, paßt mehrfach in eine Streichholzschachtel. Die Fläche ist so groß wie ein 5-Pfennig-Stück (6–20 mm²), die Dicke beträgt 0,01 mm.
– hier: Folie 1: Siliziumscheibe mit Mikroprozessoren, ca. 10fach vergrößert (Siemens Mikroelektronik, Bild 21). Man könnte meinen: ein nichtssagendes Kästchen, da der Winzling auch nicht besonders intelligent ist: der kleine Rechner erspart sich acht Ziffern und arbeitet nur noch mit 0 und 1; jeder dieser beiden Zustände heißt *Bit* (von engl.: *bi*nary dig*it*, etwa: zweiwertige Ziffer).

Ein Stellenwert kommt also durch die Potenzen der Basiszahl 2 zustande, nicht mehr durch Dezimalpotenzen. Ein *Mikroprozessor* auf einem Chip ist also auf einem primitiven Prinzip aufgebaut: er kennt nur zwei Tatbestände: ja = richtig = Strom fließt oder nein = falsch = kein Strom. Da er mit elektrischen Impulsen arbeitet, kann der Computer nur Folgen von 0 und 1 verwerten. Dieses *binäre* Rechensystem kann leicht in Maschinenoperationen übersetzt werden: in 1 und 0, also „ein" und „aus".

13 verliert ihre Glücks- oder Unglücksbedeutung, wenn sie ins Binärsystem übertragen wird: sie lautet 1101.

Wie „übersetzen" wir von einem zum anderen Rechensystem?
– hier: Folie 2: Umrechnungstabelle binär/dezimal (Siemens Mikroelektronik, Bild 12)
Für die Übertragung einer Dezimalzahl – sie kennt Ziffern von 0–9 und hat die Basis 10 – in ihre binäre Entsprechung gilt: dividiere die Dezimalzahl fortlaufend durch 2, bis der Quotient Null geworden ist. Der Rest einer jeden Division ist ein Bit der gesuchten Binärzahl (0 oder 1). Das niedrigste bit (2^0) steht rechts, das höchste links.

a) Umrechnung dezimal → binär:

	Quotient	Rest
Beispiel: 13:2 =	6	1
6:2 =	3	0
3:2 =	1	1
1:2 =	0	1
Dezimalzahl: 13	Binärzahl:	1101

b) Umrechnung binär → dezimal:

Beispiel:
$$1 \cdot 2^3 = 8$$
$$1 \cdot 2^2 = 4$$
$$0 \cdot 2^1 = 0$$
$$1 \cdot 2^0 = 1$$
$$\overline{1101 = 13}$$

Die Zahl kann elektronisch durch die Schaltungen (durch Schüler beantworten lassen!) „ein–ein–aus–ein" dargestellt werden.

Und nun ein Rechentest, der zeigt, ob ihr das Zwei des Columbus verstanden habt:
1. Ein Tag hat für den Computer „11000" Stunden.
2. Eine Mark hat „1 100 100" Pfennige.
3. Ein Jahr hat für ihn „101 101 101" Tage.
Wie rechnet er die Dezimalzahlen (24 Stunden bzw. 100 Pfennige bzw. 365 Tage) um? (je einen Schüler an der Tafel rechnen lassen!)

Um Aufgaben durchzuführen, braucht ein Computer nur *Programme (Software)*, d. h. eine Serie von Befehlsworten, die die Maschine steuern *(Algorithmus)*.

Natürlich lassen sich nicht nur Rechenaufgaben, sondern auch andere logische Kombinationen in der *Maschinensprache* darstellen. So ist man übereingekommen, daß der Buchstabe A die Folge 0001, B die Folge 0010 hat, so daß Computer auch Texte zusammenstellen können.

Die 3 logischen Grundentscheidungen UND, ODER, NICHT lassen sich in Digitalschaltung elektronisch verwirklichen.

Und wieder ein neues Wort: *digitalisieren* heißt: in gestuften Werten (Zahlen) darstellen. Beispiel: ein Lichtdimmer arbeitet digitalisiert.

a) Eine UND-Schaltung liegt dann vor, wenn das Aufleuchten einer Lampe gesteuert wird: auf der Leitung Lampe ist nur dann Strom, wenn die Schalter A UND B Netzspannung haben (also beide „Strom haben").
b) Kann eine Haustür von allen Wohnungstüren her geöffnet werden, liegt eine ODER-Schaltung vor. Logisch heißt das: Der Haustüröffner wird freigegeben, wenn der Schalter in Wohnung A ODER B gedrückt ist.
c) NICHT ist verwirklicht bei Alarmanlagen; die Sirene der Alarmanlage ertönt, wenn der Sicherheitsdraht (an einem Fenster oder an einer Tür) NICHT mehr unter Spannung liegt.

Der Computer übernimmt also Aufgaben des menschlichen Gehirns, obwohl er nicht einmal auf 2 zählen kann.
Was hat er nun unserem Normalgehirn voraus? Er ist erstens kleiner (1), zweitens schneller (2) und drittens billiger (3).

Zu 1) ENIAC, der erste amerikanische Computerrechner, arbeitete 1946 mit 18 000 Röhren, wog 30 Tonnen und füllte den Raum eines Einfamilienhauses. Zum Vergleich: 1986 ging ein Megabit von IBM (1 Million bits/chip) in Serie. Auf ca. 20 mm^2 können also ca. 170 Schreibmaschinenseiten (à 2400 Buchstaben) gespeichert werden.
– hier: Folie 3: Vergleich ENIAC mit einem heutigen Chip (Siemens Mikroelektronik, Bild 5).
Zu 2) Die schnellsten Computer führen heute 80 Millionen und mehr Rechenoperationen pro Sekunde aus.
Zu 3) Die Kosten pro Funktion sind seit 1960 um den Faktor 1000 gefallen. Eine einzige *Transistor*funktion kostete Mitte der 60er Jahre noch ca. 1 DM, heute liegt ihr Preis bei 0,1 Pfennig.

Unterrichtsschritt 3:
Technische Grundlagen II: Herstellung und Anwendungsbeispiele von Mikroelektronik

Der Lehrer führt den im Unterrichtsschritt 2 begonnenen Vortrag fort:

Um die Leistungssteigerung anschaulich zu machen, möchte ich einen Vergleich heranziehen: hätte sich die Automobiltechnik genauso rasant entwickelt wie die Computersysteme, müßte ein VW, der 1960 ca. 5000 DM kostete, heute (1985) nur noch 5 DM kosten. Er hätte eine Spitzengeschwindigkeit von 100 000 km/h, könnte 5000 Personen Platz bieten und mit einem halben Liter Benzin 1000 km weit fahren. (1986: mit 1 l Sprit um die Erde fahren). Ein chip ist deshalb so billig, weil er aus Sand hergestellt wird. Im vollkommen staubfrei ablaufenden *Planarverfahren* wird das darin enthaltene Silizium oxidiert. Silizium ist ein *Halbleiter* der im reinen Zustand nicht leitet. Ein griffiger Vergleich zur Reinheit: würde man einen Vier-Megabit-Chip auf die Größe von vier Fußballfeldern vergrößern, richtete eine einzige Erbse auf dieser Fläche einen irreparablen Schaden an (nach: Die Zeit Nr. 32, 1. 8. 1986, S. 17).
Während des Verfahrens wird Fotolack aufgetragen, auf den eine Maske kommt, die dem gewünschten Schaltkreis entspricht. Als Zusätze erzeugen Bor-Atome und Aluminium leitende Zonen, welche die einzelnen Bauelemente der Schaltung miteinander verbinden.
– hier: Folien 4 und 5: Planartechnik und Herstellungsbedingungen (Siemens Mikroelektronik, Bilder 20 und 22).

Computer und Mikroprozessoren können überall da eingesetzt werden, wo es um Informieren, Rechnen, Steuern, Regeln, Speichern, Korrigieren, Schreiben und Überwachen geht.
Hier einige wenige Beispiele für die Anwendung der *Mikroelektronik:*
– Der Bordcomputer im Auto kann anzeigen, bei welcher Schaltung und bei welcher Geschwindigkeit am wenigsten Sprit verbraucht wird.
– Autos können heute weitgehend von Industrierobotern fertiggestellt werden; diese sind NC-gesteuert.
– Im Büro werden Akten nicht mehr abgelegt, sondern in *Datenbanken* gespeichert; aus einem dieser Speicher kann beispielsweise über einen Geldautomaten mit einer magnetisierten Scheckkarte Geld abgehoben werden.
– Mit btx (Bildschirmtext) sind Wetter, Nachrichten, Kochrezepte, Warenangebote usw. jederzeit abrufbar.
– In der Medizin erlaubt die Computertomographie (Schichtenabtastung von Körperteilen) neue, ungefährlichere Diagnosemöglichkeiten, v. a. der inneren Organe.
– Im Haushalt regeln Temperaturfühler die Raumtemperatur selbständig, auch die elektronische Küche ist eine viel beschworene Zukunftsvision.
– In der Umwelt können Wasser und Luft besser überwacht werden.
– Videospiele erweitern das Unterhaltungsangebot.
– hier: Folie 6: Anwendungsbeispiele der Mikroelektronik (Siemens Mikroelektronik, Bild 2)

(Text zusammengestellt aus:
– Rulf Neigenfind: Wie erklären Sie jemand, der Sie fragt, wie ein Computer funktioniert, IBM, o. O., [20]1984 [3. Kapitel]
– Chancen mit Chips. Siemens Aktiengesellschaft, Berlin und München 1985, S. 22f.
– Politik. Informationen aus Bonn. Hrsg. vom Presse- und Informationsamt der Bundesregierung Nr. 3, Mai 1982, S. 4f.
– Das Zeitbild – Mikroelektronik verändert unser Leben. Februar 1983
– Gewerkschaftliche Unterrichtshilfen Nr. 6. Rationalisierung im Betrieb. Hrsg.: DGB Bundesvorstand, Frankfurt 1985, S. 28)

Da die letzten beiden Unterrichtsschritte begriffslastig sind, sollten bereits während des Lehrervortrags Rückfragen und Verweise auf Alltagsbeispiele zugelassen werden. Soll aus Konzentrationsgründen kein Einschnitt in den Informationsfluß erfolgen, bleibt Zeit für den Bereich „Anwendungsbeispiele", der anhand der zugehörigen Siemens-Folie im Unterrichtsgespräch vermittelt wird. Eine laienhafte Veranschaulichung des Funktionierens neuer Techniken ist sicherlich auch von einzelnen Schüler„experten" zu leisten, wenn vom Alltag ausgegangen wird.

Weitere Projekte, die im Mathematik- oder Informatikunterricht oder auch an Projekttagen zu verwirklichen sind, werden im o. e. GEW-Handbuch (S. 253–256) vorgeschlagen.

Ergänzung 1:
Besonders interessierte Klassen bekommen eine Einführung in die Programmierung angeboten. Schülergerechtes Material (z. B. Planung einer Ferienreise oder „Indianerprogramm") läßt sich den IBM-Broschüren „Wie erklären Sie jemand, der Sie fragt, was ein Computer macht" bzw. „Wie erklären Sie jemand, der Sie fragt, wie ein Computer funktioniert" entnehmen. Sie werden kostenlos von IBM Deutschland, Abt. 2155, Postfach 800880, 7000 Stuttgart 80 zugeschickt.

Ergänzung 2:
Der Siemens-Film „Chancen mit chips" veranschaulicht aktuelle Anwendungsbereiche der Computertechnik in allen oben genannten Bereichen. Er dauert 12 Minuten und ist bei Gelegenheit einer Ausstellung im Deutschen Museum München entstanden.
Zur Auswertung notieren sich die Schüler alle im Film dargestellten Anwendungen. Ausleihbar ist der Film bei Siemens AG, ZVW 85, Postfach 156, 8510 Fürth.

Unterrichtsschritt 4:
(Lernzielkontrolle) Glossar Mikroelektronik
Technische Grundlagen III:

In einer Stillphase rekapitulieren die Schüler das Gehörte; sie ordnen bunt durcheinandergewürfelte Begriffe entsprechenden Definitionen zu (Arbeitsblatt 7). Querverweise innerhalb der Definitionsbereiche verknüpfen die Inhalte und erleichtern die Suche der Schüler. Die Anregungen zu diesem Unterrichtsschritt stammen aus dem bereits erwähnten GEW-Sammelband (S. 18–20), aus einer Einführung der Siemens-AG mit dem Titel ABC der Mikroelektronik, o.O., o. J., S. 17–19 und den Gewerkschaftlichen Unterrichtshilfen Nr. 6 (Hrsg.: DGB-Bundesvorstand, o. V. Düsseldorf 1985, S. 73–79). Das Arbeitsblatt ist Arbeitsgrundlage der Schüler. Ergebnisse: a) Informatik b) Hardware c) Chip d) Bit e) Mikroprozessor f) binär g) Software h) Algorithmus i) digitalisieren j) Maschinensprache k) Transistor l) Planarverfahren m) Halbleiter n) Mikroelektronik o) NC-Steuerung p) Datenbank. Als Belohnung erwartet sie nach der Zuordnung ein Puzzle aus unterstrichenen Buchstaben der Einzelbegriffe. Richtig angeordnet ergeben sie die Lösung „Ich verstehe Computer".

Unterrichtsschritt 5:
Chancen durch die Mikroelektronik

Die Zukunftshoffnungen, die in die Mikroelektronik gesetzt werden, liegen im Produktivitätsfortschritt, in der Produktinnovation, in der Verkürzung oder Ersetzung menschlicher Arbeit, in der Integration technischer Systeme und in der Veränderung des Unternehmensaufbaus, um damit konkurrenzfähig zu bleiben. Dieter Balkhausen zitiert in: Die elektronische Revolution, Düsseldorf 1985, auf S. 124ff. ein ungenannt bleibendes „Vorstandsmitglied eines weltweit operierenden Konzerns"; der Lehrer liest vor:

„50 Prozent unserer Produkte waren vor vier Jahren noch nicht auf dem Markt. Und wenn ich unsere Investitionspläne durchgehe, weiß ich, in den nächsten vier Jahren werden mindestens 30 bis 40 Prozent Neuheiten dazukommen.
„Die Firmen unseres Kalibers werden ihren Umsatz fast verdoppeln können, ohne daß die Zahl der Beschäftigten wesentlich erhöht werden muß. Der Produktivitätsfortschritt, den die Mikroelektronik bietet, ist enorm."
„Allein in meinem Unternehmen werden inzwischen Hunderte verschiedene Automaten, Robo-

ter, Meß- und Steuerungssysteme verwendet, die einen großen Teil der menschlichen Arbeit mittels der ‚apparativen Intelligenz' ersetzt haben."
„Die Integration von Sprache, Texten, Daten, Bildern zu einem System, also weg von den unterschiedlichen technischen Systemen wie Telefon, Fernsehen, Fernschreiber, Fernkopieren usw."
„In der Zukunft werden sich die Auswirkungen dieser Technologie auf den gesamten Ausbau des Unternehmens, von der Produktion bis zur Verwaltung, von der Planung bis zum Marketing erstrecken ... Wenn Sie bedenken, welche enormen Aufwendungen für Forschung, Entwicklung und Produktionsumstellung Jahr für Jahr vorgenommen werden müssen, um konkurrenzfähig zu bleiben ..."

Bei nachlassender Konzentration der Schüler sollten die Trendaussagen schriftlich vorgelegt werden; die Arbeitsanweisung lautet dann: Unterstreicht Schlüsselwörter der einzelnen Thesen!
Wenn der Schlüsselbegriff „Produktivität" auf Verständnisschwierigkeiten stößt, liefert der Lehrer definitorische Hilfsmittel: Arbeitsproduktivität berechnet sich aus der Anzahl der erzeugten Produkte, dividiert durch die Menge der aufgewendeten Zeit. Sie erfährt eine Steigerung, wenn a) in der gleichen Zeit mehr Erzeugnisse produziert, b) und/oder in kürzerer Zeit die gleiche Anzahl Produkte erzeugt wird. Die Integration technischer Systeme kann mit dem überall verfügbaren Konzept der Deutschen Bundespost veranschaulicht werden (Bigfon-Konzept oder ISDN, z. B. in: Das Zeitbild, Dez. 1985, oder in: Hans-Joachim Eick: Stundenblätter Massenmedien, Stuttgart 1986. Einzelstunde: Neue Medien).

Ergänzung:
Ein schülernahes Anwendungsbeispiel von Mikroelektronik stellen die Datenkassen in Kaufhäusern und Einzelhandelsunternehmen dar.
Gut verwertbare Unterrichtshilfen sind zu finden bei: Dieter Gers: Die Datenkasse, in: arbeiten und lernen, Nr. 43, 1986, S. 44–46 und: Friedrich-Wilhelm Dörge und Jochen Dreier: Informationstechnologien im Einzelhandel – Orwellsche Visionen?, in: Gegenwartskunde, 2, 1984, S. 223–232.

Bei der Auswertung stehen Vorteile für das Einzelhandelsunternehmen, mögliche Probleme für das Personal und persönliche Erfahrungen der Schüler als Verbraucher zur Disposition. Danach richten sich auch die Fragen:
1. Immer mehr Unternehmen des Einzelhandels führen Datenkassen ein. Der „sprechende" Kassenzettel gibt Dir Hinweise auf Vorteile.
2. Inwiefern könnten von Datenkassen Gefährdungen für die Beschäftigten ausgehen?
3. Welche Erfahrungen hast Du an einer Scanner-Kasse gemacht?
Ergebnisse:
1. – „Genaue Artikelbezeichnung": Kostenersparnis bei der Preisauszeichnung;
   – „gekaufte Menge": Flexibilität durch Übersicht bei Angebot und Nachfrage;
   – „Kasse Nr.": Arbeitsleistung der Kassiererinnen ist überprüfbar;
   – „Datum": schnelle Daten für Ein- und Verkaufsstrategie;
   – „Sonderangebot": Entscheidungshilfe über Absatzmöglichkeiten;
   – „Zahlungsmittel": Arbeitserleichterung für das Rechnungswesen;
   – „Uhrzeit des Einkaufs": Hilfe für Personaleinteilung und zeitgünstige Werbeeinsätze.
2. – Verschlechterte Arbeitsbedingungen, darunter: einseitige Anforderungen („Balken-Rechteck-Suchen"), Leistungsdruck, Augenbelastung durch Laserstrahl ...
   – Vernichtung von Arbeitsplätzen, Wegfall der Preisauszeichnung, Einzelberatung vermindert;
   – Dequalifizierung, weil die Verantwortung des Personals abnimmt, denn die Warenübersicht liegt bei der Datenkasse;
   – Niedrigere Löhne, da die fachliche Ausbildung weniger wichtig wird.
3. – Zum Beispiel: schnellere Kassenabfertigung; keine Rückfragen wegen fehlender Preisetiketten; aber: die Kassiererin wiederholt oft das Scanning, weil sie den Strichcode nicht trifft; die Einkäufer werden an der Kasse gehetzt.

Keine Hausaufgabe

8. Stunde: Neue Technologien

Fluch der Menschen?

Vorbemerkungen s. S. 49ff.

Verlaufsskizze

Unterrichtsschritt 1:
Schüsse auf den Kollegen Computer

Wie ein Thriller hört sich ein (gekürzter) Zeitungsbericht der Stuttgarter Nachrichten vom 27. 12. 1985 (S. 3) an. Er erhielt den Titel: Schüsse auf den Kollegen Computer. Der Lehrer liest den Tathergang zunächst kommentarlos vor:

Schüsse auf den Kollegen Computer
Von unserem Korrespondenten Peter W. Schroeder

Washington – Der 31jährige Computer-Programmierer Mark Tighe zog bis an die Zähne bewaffnet zu seinem Arbeitsplatz in einem Elektronik-Konzern in Colorado Springs. Er diktierte seinem „Arbeitskollegen" einen Abschiedsbrief, dann streckte er ihn mit Schüssen aus einem Schnellfeuergewehr und einer Pistole nieder. Den Schadensfall von mehr als 200 000 Dollar registrierte die örtliche Polizei unter der neu eingeführten Rubrik „Computer-Mord". Wenig später teilte ein Firmensprecher mit: „Gewaltakte gegen Elektronengehirne sind inzwischen so zahlreich geworden, daß wir unsere Mitarbeiter von Psychiatern betreuen lassen." Der Fall von Mark Tighe ist besonders dramatisch: Vor Arbeitsbeginn hatte er seine Lebensgefährtin erschossen und sich nach der Zerstörung des Computers selbst die Pistole an die Schläfe gesetzt. In seinem Abschiedsbrief schrieb er: „Ich halte das Zusammenleben mit dem Computer nicht mehr aus."

Branchen-Schätzungen zufolge hat es im abgelaufenen Jahr Hunderte von schwerwiegenden Zwischenfällen gegeben. Eine Firma im kalifornischen Elektronik-Mekka „Silicon Valley" hat angeordnet, daß niemals unbeaufsichtigt im Computer-Raum gearbeitet werden darf: „Wenn jemandem vor dem Bildschirm die Sicherungen durchbrennen, sollen Arbeitskollegen das Schlimmste verhüten können..."
„Einige sind tatsächlich damit beschäftigt, Computer regelrecht zu quälen: sie verlangen von ihm mehr als er leisten kann, sie legen ihn mit Programmierfehlern herein und sie drehen ihm unmotiviert den Strom ab."

Nach dem erstmaligen Vorlesen wird der vorletzte Satz wiederholt. Er eignet sich als Impuls für eine Frage, die anschließend der Klasse gestellt wird:
Welche Gründe könnte es geben, daß Techniker Computer zerstören, ja daß ihnen sogar manchmal die Sicherungen durchbrennen? Sicherlich kennen die Schüler vom Hörensagen einige der Ursachen, die IBM-Psychologen in einem hier nicht wiedergegebenen Textteil berichteten: berufsbedingter Streß, Leistungsdruck, Unterlegenheitsgefühle gegen die Computerhirne. Zu ergänzen wären: Vernichtung des eigenen Arbeitsplatzes, Kontrolle der Arbeitsgewohnheiten durch den Computer usw. (s. Tafelanschrieb)

Unterrichtsschritt 2:
Risiken der Mikroelektronik

Die Schüler bilden sich anhand von vier Karikaturen (A–D), die über den Tageslichtprojektor präsentiert werden, Vorstellungen über Gefährdungsbereiche der neuen Techniken. Leitfrage für alle Abbildungen: Welche Gefährdung(en) könnte die Mikroelektronik bereithalten?

Quellennachweise:
A: Der Spiegel, Nr. 20 vom 15. 5. 1978, S. 10
B: Gewerkschaftliche Umschau, 3, 1980, S. 13
C: GEW (Hrsg.): Computer und/oder Pädagogik. Verlag Die Schulpraxis, Mülheim 1985, S. 233
D: DGB Bundesvorstand (Hrsg.): DGB-Schwerpunktthema 1985/86, Düsseldorf 1985, S. 2/38

Hinweise zu den Antworten:
A: Computer/Roboter sollten Arbeitsplätze schaffen, möglicherweise treten sie aber zu ihrer Zerstörung an.
B: Die Arbeit mit neuen Techniken (hier: am Bildschirm) hat Gesundheitsschäden im Schlepptau: der Bewegungsapparat ist beeinträchtigt (Sitzhaltung), Augenschäden sind zu befürchten (Laserstrahlen, Flimmern), der Leistungsdruck erhöht sich (Konzentration).
C: Bei „technischer" Kommunikation geht das persönliche Erlebnis verloren, der direkte zwischenmenschliche Kontakt verkümmert.
D: Es entsteht möglicherweise ein Machtungleichgewicht zugunsten der Arbeitgeber durch bessere Kontrollmöglichkeiten (Personaldaten) der Arbeitnehmer.

Sollten die Karikaturen nicht zur Verfügung stehen, läßt der Lehrer die Schüler Vermutungen über Problembereiche beim Einsatz von Mikroelektronik anstellen, die er gegebenenfalls ergänzt (s. die vier Schlagworte unter dem Begriff „Risiken" im Tafelbild).

Unterrichtsschritt 3:
„Experten" zu den Gefährdungsbereichen

Vier Arbeitsgruppen beschäftigen sich nun näher mit den Risikobereichen. Sie sind didaktisch so ausgewählt, daß verschiedene Interessen und differentielles Leistungsvermögen Berücksichtigung finden (s. Arbeitsblatt 8 mit jeweiligen Bearbeitungsfragen).

Text A stellt Beschäftigungschancen anderslautenden Prognosen, die von Risiken sprechen, gegenüber. Die erste Position wird 1985 vom Forschungsminister Riesenhuber vertreten, die zweite zitiert Unternehmer- sowie Gewerkschafts- sowie neutrale Institutionen.
Auswertungsfragen:
1. Welche Position vertritt der Bundesforschungsminister?
2. Wie belegt er sie?
3. Nenne die Risiken für die Beschäftigung aufgrund der anderen Berechnungen.
Antworten:
– Riesenhuber: Mikroelektronik schafft im Saldo Arbeitsplätze in der Elektronik, im Sektor EDV, im Dienstleistungsbereich.
– Siemens-Studien: Bis 30% der Bürotätigkeiten sind automatisierbar.
– DGB: 3 Millionen Büro-Arbeitslose sind zu erwarten.
– Institute: 1 neuer Arbeitsplatz in der Mikroelektronik könnte 5 alte vernichten; jeder Industrieroboter wird vermutlich 4 Arbeitsplätze einsparen.

Text B enthält Aussagen einer Datentypistin über ihren Arbeitsalltag.
Auswertungsfragen:
1. Der Bericht enthält Aussagen über körperliche und psychische Belastungen. Notiere sie in Thesenform.
2. Was kann diese Art von Arbeit den Beschäftigten nicht geben?
Antworten:
1. – einseitige Anforderungen sind gefragt: Fingerfertigkeit; Bewegungsarmut
– gute Augen sind erforderlich (Neonlicht, Bildschirm)
– hohe Anforderungen an die Konzentration
– Überforderungsgefühle (Streß)
– Angst vor Bedienungsfehlern
– gekrümmte Körperhaltung
– Kreislaufstörungen
2. – keine Erfolgserlebnisse
– keine Übersicht über den Produktions-, Arbeits- und Betriebsablauf
Bei der Fixierung der Ergebnisse kann der Lehrer auf neuere Ergebnisse der Arbeits-

medizin verweisen, die einen enormen Anstieg psychosomatischer Krankheiten konstatieren (detailliertere Beschreibungen bei Herbert Kubicek/Arno Rolf: Mikropolis, Hamburg 1985, S. 257 sowie Gunhild Lütge: Gift im Reinraum, in: Die Zeit, 10, vom 27. 2. 1987, S. 25).

Text C beinhaltet eine Realutopie „Elektronischer US-Haushalt" und theoretische Schlußfolgerungen zur Entstehung neuer Kommunikationsformen. Und: die Realität hat die Befürchtungen der Theorie schon eingeholt, wie eine Bekanntschaftsanzeige aus dem Jahre 1986 zeigt:

Gewichtiger Computerfreak, 28/182, sucht benutzerfreundliche, menügesteuerte Sie mit guter Bedienerführung.
Chiffre: 86-07-97.
(Stuttgarter Ketchup, 7/8, 1986, S. 47)

Der zweite Text setzt hinreichendes abstraktes Denken voraus, so daß er nur fakultativ bearbeitet werden sollte. Der Lehrer gibt dabei Hilfestellung. Auf alle Fälle ist es wichtig, daß diese Thematik nicht unter den Tisch fällt, da sie einen entscheidenden Zukunftsaspekt beleuchtet:

„Wer viel mit inhaltsentleerten Symbolen umgeht, sich oft als Herrscher in der programmierten Kunstwelt des Computers aufhält, sich in ausgearbeiteten Sonderwelten abkapselt, der bekommt Probleme im Umgang mit dem Mitmenschen. Die gefühlsmäßige Kontaktfähigkeit wird zerstört, das Vermögen zur sinnlichen Erkenntnis der Wirklichkeit erlahmt. Die Enteignung von Erfahrung, das Vordringen von technischem Funktionswissen schafft Verletzlichkeiten und Abhängigkeiten vom Computer. In dem Maße, wie die direkt-wechselseitige zwischenmenschliche Kommunikation durch eine technische Kommunikation ersetzt wird, geht der Demokratie eine politische Substanz verloren, nämlich die Entwicklung und Einbringung kommunikativer Kompetenzen, gepaart mit individuellem Erfahrungswissen. Weil die mediale Kommunikation die interpersonale Kommunikation verdrängt, die Bildorientierung über die Wortorientierung dominiert, Maschinen-Denken zum zeitgemäßen Denken wird, breitet sich rationales Denken aus, wird Mehrdeutigkeit durch formale Eindeutigkeit ersetzt, werden Simulationen bevorzugt, bei denen aus bekannten Bedingungen eindeutige Maßnahmen abgeleitet werden."
(Otto Ulrich in: aus politik und zeitgeschichte, B 9, 1985, S. 47f.)

Auswertungsfragen:
1. Was ist „anders" im Haushalt der Familie Smith?
2. Wie verändert sich dadurch der menschliche Umgang (Kommunikation)?
3. Gib den zweiten Text in eigenen Worten wieder; ziehe zur Veranschaulichung die Bekanntschaftsanzeige heran.

Antworten:
1. – Haushaltseinrichtungen sind automatisiert (Vorhänge, Zimmertemperatur, Küchengeräte, Gartentür ...);
   – Einkauf nach Bildschirmangeboten;
   – Allgegenwart des Fernsehers (Frühstücks-Nachrichten, Bildungs-Angebote ...);
   – Unterricht durch Computer.
2. – Lebensrhythmus richtet sich nach technischen Vorgaben;
   – Zwischenmenschliche Kontakte nehmen ab bzw. werden vom Computer abgenommen (Bsp. Lob).
3. – Inhaltsleere Symbole des Computers: Probleme im Umgang mit Menschen (Gefühle und Sinne abgestumpft);
   – Technische Kommunikation: Abhängigkeiten vom Computer; demokratische Auseinandersetzung kommt zu kurz,
   – Bildorientierung dominiert Wortorientierung (Bilder appellieren ans Unbewußte wie in der Werbung);
   – Formale Eindeutigkeit geht vor sozialer Mehrdeutigkeit.

Die Bildinformation D schließlich stellt plakativ die Datenerhebung eines Personalinformationssystems dar. Da in der Legende bereits Nachteile für die Arbeitnehmer genannt sind, besteht die Aufgabe der Arbeitsgruppe darin, Beispiele für diese angenommenen Gefährdungen zu finden.

Auswertungsfrage:
Schaut Euch die Karikatur an. Stellt „Datenbündel" zusammen, aus denen heraus eine Gefährdung Wirklichkeit wird.
Ergebnisse:
Rationalisierung eines Arbeitsplatzes ermöglicht über:
- Dateneingabegerät, (das z. B. Bedienungsfehler festhält),
- Tests, (die z. B. fehlende Arbeitsfähigkeiten diagnostizieren),
- Werksarzt, (der z. B. über den Gesundheitszustand berichtet),
- Vorgesetzte, (die Angaben über Arbeitsmoral speicherten).

Leistungsverdichtung ermöglicht über:
- Elektronische Zugangskontrolle (Fehlzeitenerhebung),
- Maschinendaten (Produktionsdaten),
- Disziplinierung ermöglicht über: Erhebung politischer, gewerkschaftlicher und privater Kontakte.

Nach der Gruppenarbeit werden alle Ergebnisse zusammengetragen und nacheinander in Auszügen an der Tafel festgehalten.

Ergänzung 1:

Wenn genügend Zeit zur Verfügung steht, ist eine kritische Beurteilung von Entwicklungstendenzen neuer Technologien seitens des US-Computer-Wissenschaftlers Joseph Weizenbaum von großem Nutzen. Das Gespräch wurde von Redakteuren der Wirtschaftswoche Nr. 31 vom 29. 7. 1983, geführt (abgedruckt auch in: DGB-Bundesvorstand [Hrsg.]: Gewerkschaftliche Unterrichtshilfen Nr. 6, Düsseldorf 1985, S. 19–21).
Seine Äußerungen in Thesenform:
- Elektronische Kurzschlüsse könnten unbeabsichtigt Kriege auslösen;
- Sicherheitssysteme von Computern sind zu knacken;
- Verbundene Computersysteme verselbständigen sich;
- Arbeitsplatzverlust durch „Jobkiller" sollte durch ein Grundeinkommen aller aufgefangen werden;
- Heimcomputer dringen nicht überall vor, weil den Menschen oft kreative Ideen zu ihrer Benutzung fehlen;
- Eine Kontrolle der Forschung zu den neuen Techniken entfällt meist, weil sie direkt oder indirekt von Rüstungsbudgets abhängen.

Folgendes Vorgehen wird vorgeschlagen: Die Schüler nehmen nach jeder Interviewantwort Weizenbaums spontan Stellung.
Weiterer Hinweis: Die Problematik kann spielerisch und doch ernsthaft auch über die Vorführung des US-Spielfilms „War games" vermittelt werden.

Ergänzung 2:

Die Verbindung zur Tagespolitik der Bundesrepublik Deutschland stellen Diskussionsbeiträge zur „Maschinensteuer" her. Material dazu findet sich in: Politik. Aktuell für den Unterricht 15, 1985, S. 5–7.
Pro-Argumente: Rentensicherung, Steuergerechtigkeit für arbeitsintensive Kleinbetriebe im Vergleich zu durchrationalisierten Großbetrieben erhöht, weniger rasante Rationalisierungen.
Contra-Argumente: Wettbewerbsfähigkeit der deutschen Industrie eingeschränkt, Preiserhöhungen der Unternehmen wahrscheinlich, Leistungsbezug der Rente ginge verloren.
Arbeitsfragen und Auswertungsschablonen sind den o. e. Materialien beigefügt.

Unterrichtsschritt 4:
Spiel: Wie wünsche ich mir unsere Zukunft?

Vom Objekt zum Subjekt: standen bisher die Wirkungen der neuen Techniken auf die Jugendlichen im Blickpunkt der Stundeneinheit, so können in diesem letzten Unterrichtsschritt Erwartungen der Schüler über ihre Zukunft artikuliert werden. Horst Neumann und Wolfgang Teske stellen in Politik und Unterricht 3, 1984, S. 52 einen spielerischen Zugang zur Artikulation, zum gegenseitigen Kennenlernen und zur Verwirklichungschance von Zukunftsvorstellungen vor. Auf die zurückliegende Beschäftigung mit Neuen Technologien bezogen ist das Spannungsfeld traditionelle Werte der Industriegesellschaft / ganzheitliche (postmaterialistische) Alternativwerte erweitert worden.
Spielelemente sind „Atome" (Begriffe) und „Moleküle" (Koalitionsbildungen), um die

Vorschlag für eine Folie
(8. Stunde, Unterrichtsschritt 4)

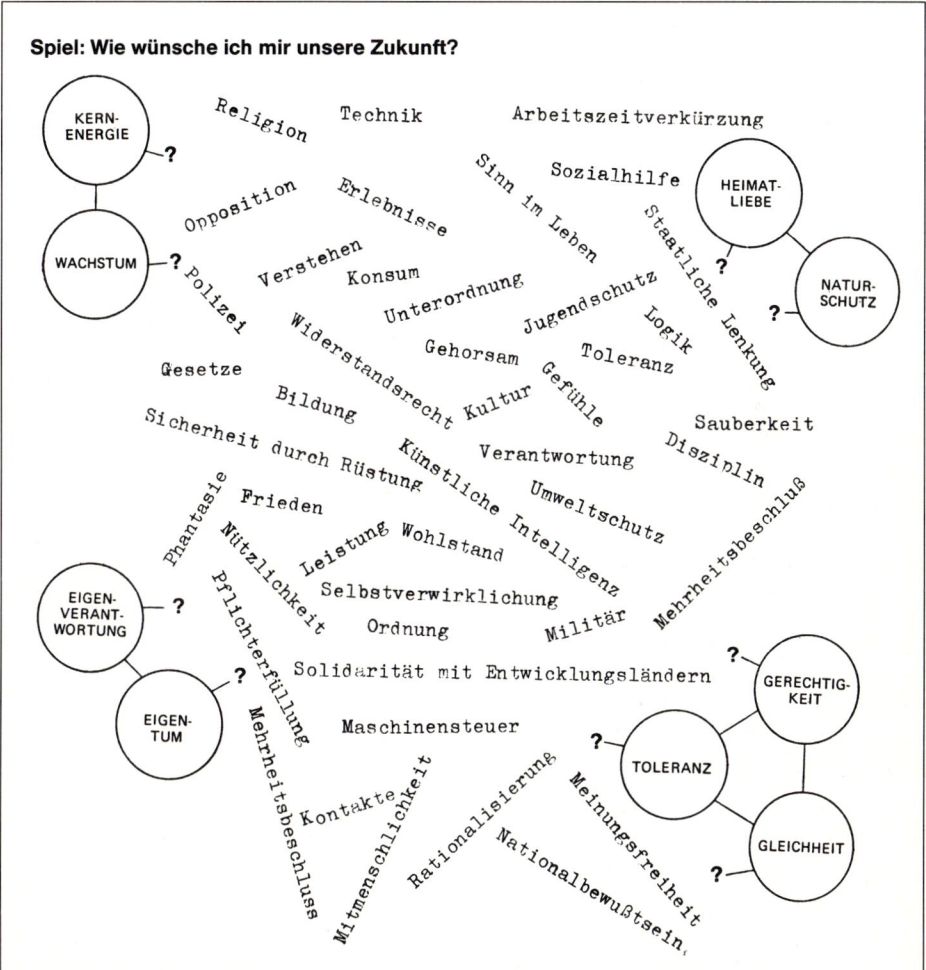

Spiel: Wie wünsche ich mir unsere Zukunft?

(KERN-ENERGIE) — Religion — Technik — Arbeitszeitverkürzung — (HEIMATLIEBE)
Sozialhilfe
Opposition — Erlebnisse — Sinn im Leben — Staatliche Lenkung
(WACHSTUM) — Polizei — Verstehen — Konsum — (NATURSCHUTZ)
Unterordnung — Jugendschutz — Logik
Widerstandsrecht — Gehorsam — Toleranz
Gesetze — Kultur — Gefühle — Sauberkeit
Bildung — Disziplin
Sicherheit durch Rüstung — Künstliche Intelligenz — Verantwortung
Phantasie — Frieden — Umweltschutz — Mehrheitsbeschluß
Nützlichkeit — Leistung — Wohlstand
(EIGEN-VERANTWORTUNG) — Selbstverwirklichung
Pflichterfüllung — Ordnung — Militär
(EIGENTUM) — Solidarität mit Entwicklungsländern — (GERECHTIGKEIT)
Maschinensteuer
Mehrheitsbeschluß — Kontakte — (TOLERANZ)
Mitmenschlichkeit — Rationalisierung — Meinungsfreiheit — (GLEICHHEIT)
Nationalbewußtsein

Beispiele für Begriffe („Atome") und Koalitionsbildungen („Moleküle") zum Gesellschaftsspiel
(nach einer Idee von Horst Neumann und Wolfgang Teske, in: Politik und Unterricht, 3, 1984, S. 52)

Spielregeln
1. Jeder Teilnehmer zieht einen Begriff („Atom").
2. In einer kurzen Rede preist jeder seinen Begriff an.
3. Alle Teilnehmer versuchen nun, Koalitionen („Moleküle") zu bilden.
4. Dabei treffen zunächst zwei „Atome" aufeinander und verhandeln darüber, ob sie miteinander ein „Molekül" bilden können.
5. Bei jedem weiteren „Atom", das dazu kommt, muß das bereits bestehende „Molekül" darüber abstimmen, ob sich das neue „Atom" anhängen kann.
6. Wenn ein „Atom" die Entscheidung für einen neuen Partner nicht mittragen kann, muß es das „Molekül" wieder verlassen.
7. Sieger ist, wer das größte „Molekül" gebildet hat. Dies darf jedoch nicht auf Kosten der eigenen Interessen gehen.

herum sich Vorstellungen und mehrheitsfähige Alternativen gruppieren.
Die Auswahlmöglichkeiten sind für die Schüler gegenüber der ursprünglichen Spielidee erweitert, wogegen die Spielanleitung von Neumann/Teske unverändert bleibt. Allerdings sollte der Stellenwert des Spiels präzisiert werden; die Ausgangsfrage lautet demnach: Wie wünsche ich mir/uns die Zukunft? (s. S. 67) Bei genügend Zeit sollte in einem ersten Schritt die erwartete, dann die persönlich erwünschte Zukunft simuliert werden.
Sicher ist es reizvoll, daß die Schüler lernen, sich zu artikulieren, besser ihre Haltungen kennenlernen und die Schwierigkeiten einer sozialen Konsensbildung erleben ...

Hausaufgabe:

Eine Festigung des kategorialen Wissens um den Problembereich „Tarifauseinandersetzungen" herum kann über die häusliche Vorbereitung von Begriffen und deren Wiederholung im Unterricht erfolgen. Die Schüler erhalten deshalb den Auftrag, in einem Lexikon alle einschlägigen neuen Worte unter den Stichwörtern „Tarifkonflikt/Tarifverhandlungen" herauszuschreiben und Querverweise dazu im Lexikon aufzusuchen (s. 9. Stunde, Unterrichtsschritt 3).

Block C: Interessenvertretung und Interessenkonflikt

9. Stunde: Interessenvertretung durch Arbeitgeber und Arbeitnehmer

Sozialpartnerschaft?

Fachwissenschaftliche und didaktische Vorbemerkungen

„Die Grundlage menschlicher Existenz ist die Arbeit. Entsprechend bilden die Verbände der Wirtschaft und des Arbeitslebens die wichtigste Gruppe interessierter Interessen." (Ulrich von Alemann: Der Wandel organisierter Interessen in der Bundesrepublik. Erosion oder Transformation? in: aus politik und zeitgeschichte 49, 1985, S. 3–21, hier: S. 7)
Die Definition stellt die überragende Bedeutung der Verbände für die wirtschaftliche Interessenvertretung vor. Die verfassungsrechtlichen Grundlagen für den Verbandspluralismus bietet der GG-Artikel 9 – die Koalitionsfreiheit. Tarifautonomie und Friedenspflicht sind weitere juristische Eckpfeiler, die aus dem Grundgesetz abgeleitet sind. „Tarifpolitik ist Machtpolitik zur Durchsetzung von Interessen im vorstaatlichen Raum. Durch Konfrontation der Standpunkte, Drohungen und Kampfmaßnahmen beider Seiten soll die jeweils andere Seite zu einem Kompromiß bewegt werden." (Gerhard Himmelmann/Hermann Harms/Gotthard Breit: Tarifautonomie und Arbeitskampf – am Beispiel des Konflikts in der Druckindustrie 1978, in: Gegenwartskunde 4, 1978, S. 499–536, hier S. 514)
Konfliktgegenstände sind Entlohnung, Arbeitsbedingungen (Arbeitszeit, Urlaub, humaner Arbeitsplatz usw.), Wirtschaftsbedingungen (Investitionen, Rationalisierungen, Gewinn- und Vermögensverteilung usw.) und gesellschaftspolitische Fragestel-

lungen wie Mitbestimmung oder Energiepolitik.
Während die Unternehmer aber über Produktionsmittel, Arbeitsplätze und Investitionen verfügen, ihre Interessen also primär über den Markt realisieren, müssen die Arbeitnehmer ihre Forderungen qua Gewerkschaften im nachhinein durch ihre Organisationsmacht einfordern. So ist „die Sichtweise von den gleichstarken ‚Sozialpartnern' verkürzt, denn aufgrund der doppelt stärkeren Ressourcen als Unternehmerverbände und als Investoren sind die Interessen der Kapitalseite im privatwirtschaftlich organisierten System immer den Gewerkschaften überlegen". (U. von Alemann, a.a.O., S. 8) Allerdings sehen die Arbeitgeber ihrerseits durch die Mitbestimmungsregelungen „eine nachhaltige Verschiebung der Kräfte des Gleichgewichts innerhalb der Unternehmen und innerhalb der Gesellschaft ..., und zwar zu Lasten der unternehmerischen Entscheidungsfreiheit und der Tarifautonomie, zu Lasten der Handlungsfreiheit des Staates und zu Lasten der marktwirtschaftlichen Ordnung". (H. Seidel/W. Schneider: Der Betrieb und seine Verfassung, Wiesbaden 1976, S. 65)

Die schulische Behandlung organisierter Wirtschaftsinteressen kann sich auf vier wissenschaftliche Erklärungsversuche stützen, die Genese, Struktur, Strategie und Funktion dieser Verbände analysieren:
– die Genese muß in diesem Vermittlungszusammenhang entfallen, da sie den zeitlichen Rahmen sprengen würde (eine gute Übersicht liefert das Periodikum Wochenschau, 5/6, 1977, Sek. II, S. 114–116);
– die Struktur organisierter Interessen, Fragen der innerverbandlichen Demokratie können mit Organigrammen der beiden Kontrahenten verdeutlicht werden;
– die Analyse der politischen Instrumentarien der Verbände berührt Methoden, Einfluß und Adressaten ihrer Strategien und steht im Mittelpunkt schulischen Interesses, weil damit Handlungs- und Entscheidungskompetenzen der Heranwachsenden angesprochen werden;
– Legitimation und Funktionstüchtigkeit bundesrepublikanischen Tarifregelungssystems sind im letzten Schwerpunkt thematisiert.

Die beiden letzten Forschungsbereiche sind gerade in den vergangenen Jahren zu zentralen Diskussionspunkten geworden. Dazu einige Thesen aus den o. e. Publikationen zur Problemanalyse:
1. Das bundesrepublikanische kollektive, autonome Tarifvertragssystem gerann nicht zu einem Ritual, sondern ist als antagonistische Kooperation zu definieren.
2. Die Zusammenarbeit hat den industriellen Klassenkonflikt formalisiert, kanalisiert und institutionalisiert.
3. Der Tarifkonflikt kann deswegen weder einseitig als systemtransformierend, noch als systemintegrierend bezeichnet werden, weil er beides ist.
4. Die Tarifabschlüsse gaben den Gewerkschaften rückwirkend einen Ausgleich für Gewinne in Form von Lohnsteigerungen und sozialpolitischen Errungenschaften.
5. Das Tarifvertragssystem ist heute von drei Gefahren bedroht:
a) einem harmonistischen Gesellschaftsbild, das demokratiekonstituierende Konflikte verbannen will;
b) einer Verhärtung der Verteilungskämpfe infolge stärkerer Steuerungsversuche des Staates in Zeiten eines stagnierenden Wirtschaftswachstums und hoher struktureller Arbeitslosigkeit (s. die Auseinandersetzungen um den § 116 AFG in den Jahren 1985/1986);
c) einem Zurückdrängen organisierter Interessen durch Medien und basisorientierte Interaktionsformen, die Interessen in der Zukunft stärker mobilisieren könnten als die traditionellen Verbände.

Vor allem die letzte These macht deutlich, daß die Tarifbeziehungen Gefahr laufen, politisiert zu werden. Eine Einbruchstelle stellt der Konflikt um eine Veränderung des § 116 AFG dar, eine andere die Versuche, auf allgemeiner Tarifbasis ausgehandelte Kompromisse auf betrieblicher Ebene zu flexibilisieren (s. dazu auch die folgende Unterrichtsstunde). Voraussichtlich stärkt dies das Gewicht der Betriebsräte und hebt die Bedeutung der betrieblichen Mitbestimmung (s. die nachfolgende Unterrichtsstunde).

Was wissen Schüler davon?
Es ist davon auszugehen, daß sie über unzusammenhängendes Faktenwissen zu Begriffen wie Arbeitgeber/Arbeitnehmer-Konflikte, Streik, Aussperrung usw. verfügen. „Der eklatante Mangel an ‚kategorialer' politischer Bildung ist wohl eine wichtige Ursache für das geringe politische Bewußtsein der Jugendlichen" (Gerhard Himmelmann et al., a.a.O., S. 517). Die folgende Stunde könnte dem etwas abhelfen und dazu beitragen, daß die Schüler ihren künftigen Standort in der Arbeitswelt samt seinen rechtlichen und sozialen Bedingungen finden.

Der Unterrichtsverlauf richtet sich nach diesen fachlichen und didaktischen Vorüberlegungen: in der einleitenden Unterrichtsphase werden die Sozialpartner mit ihren Aufgaben vorgestellt und der Begriff selber problematisiert. Aus Zeitgründen sind innerverbandliche Demokratie sowie die Funktion der Einheitsgewerkschaft in die Ergänzung verwiesen. Der ritualisierte Ablauf der Tarifverhandlungen ist methodisch entzerrt und soll spielerisch mit aktuellem Material erarbeitet werden. Eine (fakultative) Vertiefung in Richtung „antagonistische Kooperation" ist mit dem Tarifabschluß 1984 in der Druckindustrie möglich. Vom Lehrer sind die darauffolgenden rechtlichen Grundlagen des Tarifkonflikts zu vermitteln. Ebenfalls vom Lehrer werden die wichtigsten Streikziele der Nachkriegszeit dargeboten. Damit gelingt ein Ausblick auf Leistungen dieses Vertragssystems, das sich auch im internationalen Vergleich sehen lassen kann. Für schwächere Klassen bieten sich für diesen Unterrichtsschritt Folien und ein Film an.

Weiten Raum nehmen anschließend Identifikationen und Reflexionen zu Streik und Aussperrung ein. Es ist darauf verzichtet worden, abstrakte Gedankengänge zu diesem Problemkreis aufzunehmen; ebenso fehlen differenziertere Inhalte wie Schwerpunktstreiks, Angriffs- und Abwehraussperrung, Flächenaussperrung. Sie sind einer höheren Klassenstufe vorbehalten. Stattdessen sind Meinungen Jugendlicher aus dem Schulbuch „Thema Politik A", S. 89, ausgewählt worden, um ein schülergemäßes Vorgehen zu erlauben.

An dieser Stelle wird nun sicher eine Beschäftigung mit dem veränderten § 116 AFG erwartet. Gründe der Komplexität und der Tagespolitik machen dafür jedoch eine eingehendere Analyse – in mindestens 2 Schulstunden – erforderlich (s. dazu auch die Materialhinweise auf S. 75). Einen angemesseneren Stundenabschluß gewährleistet dagegen eine freie Diskussionsrunde zum Problem „Gerechtigkeit im Wirtschaftsleben".

Ziele der Stunde

Die Schüler erkennen
– die Bedeutung der Sozialpartner für politische Aufgaben;
– Abkürzungen für wichtige Interessensverbände;
– den Ablauf eines Tarifkonflikts;
– Voraussetzungen, die zum Abschluß eines Tarifvertrags führen;
– verfassungs- und tarifrechtliche Grundlagen der Interessensvertretung;
– historische Veränderungen von Streikzielen.

Die Schüler erarbeiten
- Beispiele für Aufgaben der Sozialpartner;
- die Zuordnung von Pressemeldungen zum Ablauf einer Tarifauseinandersetzung (Druckindustrie 1984);
- Thesen zu Streik und Aussperrung;
- historische Veränderungen der Tarifauseinandersetzungen.

Die Schüler problematisieren
- den Begriff „Sozialpartner";
- Streik und Aussperrung aus gesellschaftspolitischer Sicht;
- Identifikationen zur Einstellung zu Streik und Aussperrung;
- Gerechtigkeit im Wirtschaftsleben.

Schulbuchhinweise:
- Gemeinschaftskunde für Baden-Württemberg. Realschule. Klasse 8. Schrödel, Hannover 1981, S. 116–122 (Tarifautonomie)
- Gemeinschaftskunde. Gymnasium. 10. Schuljahr. Schöningh, Paderborn 1985, S. 71–77 (Tarifautonomie und Tarifauseinandersetzungen)
- P wie Politik. Gemeinschaftskunde. Wirtschaftslehre. 8. Schuljahr Hauptschule. Schöningh, Paderborn 1985, S. 173–189 (Interessenvertretung)
- Gemeinschaftskunde. 9. Schuljahr. Realschule. Schöningh, Paderborn 1985, S. 112–118 (Sozialpartner)
- Gemeinschaftskunde/Wirtschaftslehre. Baden-Württemberg. Klasse 8. Hauptschule. Schrödel, Hannover 1980, S. 121 ff. (Interessenvertretung und Mitbestimmung)
- dies.: Klasse 9. Schrödel, Hannover 1982, S. 135–140 (Tarifpartner)
- P wie Politik. Klasse 9 Hauptschule. Schöningh, Paderborn 1985, S. 134–140 (Die Tarifpartner)
- Thema Politik A (7.–10. Schuljahr). Klett, Stuttgart 1982, S. 87–90 (Verbände, Tarifauseinandersetzungen)
- arbeiten und wirtschaften. Teil Wirtschaftslehre 9/10. Klett, Stuttgart 1985, S. 66–85 (u. a. Vertrauensmann, Tarifparteien, Tarifrunde 1983, verschiedene Tarifverträge, Geschichte der Gewerkschaften, Gewerkschaft heute)
- Gemeinschaftskunde 10. Gymnasium. Baden-Württemberg. Schrödel, Hannover 1985, S. 60–64 (Tarifpartner und Tarifauseinandersetzung)
- Heute und morgen. Gemeinschaftskunde Realschule Klasse 8. Klett, Stuttgart 1982, S. 167–173 (Tarifkonflikt)

Zusätzliche Literatur:
- Politik. Aktuell für den Unterricht 12, 1984, (Der Arbeitskampf um die 35-Stunden-Woche)
- Hermann Adam: Gewerkschaftsstaat oder Herrschaft des Kapitals – eine echte Alternative? in: Gegenwartskunde, 2, 1978, S. 157–167 (Gewerkschaftsstaat, Stamokap, Pluralismustheorien, gesellschaftliche Machtverteilung)
- Hans Hermann Hartwich: Zulässigkeit und Grenzen der Aussperrung, in: Gegenwartskunde 4, 1980, S. 469–477 (Auseinandersetzung mit dem BAG-Urteil von 1980)
- Oswald von Nell-Breuning: Aussperrung, in: Stimmen der Zeit, 198, 1980, S. 17–31 (Position der kathol. Soziallehre)
- Rudolf Steiert/Herbert Uhl: Materialien zu Pluralismus/Verbänden/Bürgerinitiativen, in: Sozialwissenschaftliche Informationen, 11, 1982, S. 51–55
- Adi Ostertag et al.: Mitbestimmung und Interessenvertretung, Bund-Verlag, Köln 1981 (verschiedene Unterrichtseinheiten für Jahrgangsstufen 8–10 und für die Berufsschule)

Verlaufsskizze

Unterrichtsschritt 1:
Arbeitnehmer und Arbeitgeber: Sozialpartner?

Zur Vorbereitung des Stundenthemas, der durchgehenden Problematisierung und des nächsten Unterrichtsschrittes erzeugt der Lehrer über einige Basisinformationen eine Fragehaltung zum Schlüsselbegriff „Sozialpartner".

Dabei sind folgende Schritte zu beachten:
1. Gewerkschaften und Arbeitgeberverbände sind die organisierten Interessenvertreter von Arbeitnehmern bzw. Arbeitgebern. Beispiele dieser Organisationen sind IG Metall, IG Chemie, ÖTV, GEW, HBV usw. bzw. BDA, BDI usw.
2. Sie regeln gemeinsam soziale Angelegenheiten in der Sozialversicherung, in der Bundesanstalt für Arbeit, als Vertreter in

Vorschlag für eine Folie
(9. Stunde, Unterrichtsschritt 1)

(aus: Gewerkschaftliche Umschau, 6, 1976, S. 38)

Arbeits- und Sozialgerichten, in der Einflußnahme auf die Gesetzgebung, in den verschiedenen Mitbestimmungsformen, in Fortbildungsmaßnahmen und nehmen Stellung zu allgemeineren Fragen der Wirtschafts- und Gesellschaftspolitik (s. Tafelbild „Aufgaben/Beispiele", zusammengestellt nach Schmidt-Zahlenbilder Nr. 240010 und: Über die Verbände. Eine synoptische Selbstdarstellung der Tarifvertragsparteien. Universum, Wiesbaden 1980).
Beim Tafelanschrieb sollte beachtet werden, daß die Tarifverträge an letzter Stelle stehen, um die Kontinuität zum Unterrichtsschritt 2 zu gewährleisten. Über eine Folie (Karikatur zur Sozialpartnerschaft aus: Gewerkschaftliche Umschau, 6, 1976, S. 38, s. oben), deren Beschreibung und Interpretation durch die Schüler, wird die Gemeinsamkeit der Sozialpartner in Frage gestellt. Damit können Stundenthema und Problematik formuliert werden (s. Überschrift an der Tafel).

Ergänzung:

Die Organisationen von Gewerkschaften und Arbeitgeberverbänden sind mit Graphiken der Schmidt-Zahlenbilder Nr. 240040 und 241110 zu studieren. Es lassen sich Struktur, Unterorganisationen und Willensbildungsprozeß erkennen. Zusätzlich läßt sich die Globus-Graphik Nr. 6091 einsetzen, um das Gewicht der Einzelgewerkschaften des DGB und die Idee der Einheitsgewerkschaft zu verdeutlichen.

Unterrichtsschritt 2:
Der Tarifkonflikt

Viel Eigenaktivität fällt in dieser Phase den Schülern selber zu. Die ihnen vorliegenden Arbeitsmaterialien (Arbeitsblatt 9) sind sachstrukturell angebunden. Die Streikchronologie der Drucker im Jahre 1984 (s. Der Gewerkschafter 7, 1984, S. 5) ist bewußt durcheinandergewürfelt worden. Die Schüler sollen die Zeitungsausschnitte in die Reihenfolge bringen, die dem achtschrittigen Ablauf eines Tarifkonflikts (Globus Nr. 1240) entspricht. (s. Arbeitsauftrag).
Ergebnisse (s. Anfänge der Zeitungsmeldungen):
1 „In den Bezirken finden ..."
2 „Im zweiten Spitzengespräch ..."
3 „Der Vorstand genehmigt ..."
4 „80.11 Prozent ..."
5 „Nach 1963, 1971, ..."
6 „Die Metall-Arbeitgeber ..."
7 „Die Verhandlungen werden ..."
8 „Der längste und härteste Arbeitskampf ..."

Ergänzung:
„Wie ist der Konflikt denn ausgegangen?" – eine berechtigte Frage der Schüler. Wenn genügend Zeit dafür zur Verfügung steht, wird ein Tarifabschluß für die Druckindustrie einer differenzierten Betrachtung zugeführt. Er ist in den Stuttgarter Nachrichten (vom 7. 7. 1984, S. 4) in Stichworten dokumentiert und umfaßt den Manteltarifvertrag (Arbeitszeit, Flexibilisierung, Aushilfsverträge), den Lohntarifvertrag (Lohnerhöhung, Lohnstruktur) und einen Rahmentarifvertrag mit Rationalisierungsschutz. Das Dokument eignet sich vorzüglich für die Herausarbeitung der gegensätzlichen Interessenlagen und dem letztendlichen Kompromißpaket.
Bearbeitungsfragen:
1. Die sechs im Vertragstext aufgeführten Regelungen behandeln drei Vereinbarungsbereiche. Nenne sie.
2. Welche Punkte lagen im Interesse der Arbeitgeber, welche in dem der Arbeitnehmer?
3. Kann man eine Partei als Sieger bezeichnen? Vergleiche die Ausgangslage anhand der Zeitungsausschnitte.

Ergebnisse:
1. Arbeitszeit, Lohn, Rationalisierung
2. Arbeitgeber: Flexible Arbeitszeit, Aushilfsverträge erlaubt und verlängert
Arbeitnehmer: Verkürzung der Wochenarbeitszeit, Lohnerhöhung, Lohnstruktur nivellieren, Rationalisierungsschutz
3. Ausgeglichen: Keine 35-Stunden-Woche für die Arbeitnehmer, dafür quantitative Entschädigungen für Rationalisierungen; flexible Arbeitszeitregelungen als Erfolg der Unternehmer.

Unterrichtsschritt 3:
Rechtliche Grundlagen des Tarifkonflikts

Gegenstand dieser Phase ist die Strukturierung rechtlicher und politischer Grundlagen einer Tarifauseinandersetzung. Die ereignishafte Darstellung vom Anfang der Stunde wird nun durch den verfassungsrechtlichen Rahmen erweitert. Der Lehrer stellt die Zusammenhänge im Vortrag und parallel laufenden Tafelanschrieb dar. Elemente des Lehrervortrags (Hervorgehobenes geht in das Tafelbild ein):
1. Aus dem Artikel 9 des GG kann man ein Grundrecht ableiten, daß Menschen mit gleichen Interessen sich zusammenschließen dürfen: *Koalitionsfreiheit*.
Es enthält aber auch die Pflicht zur Förderung von Arbeits- und Wirtschaftsbedingungen (s. Vorschlag für eine Folie, S. 74).
2. Im Tarifvertragsrecht, das aus dem GG abgeleitet ist, gibt es nähere Erläuterungen:
Gewerkschaften und *Arbeitgeber* sind Tarifvertragsparteien. Sie können ohne Einfluß des Staats das Arbeitsleben aushandeln: *Tarifautonomie* (s. Vorschlag für eine Folie).
3. Die Inhalte des Tarifvertrags umfassen
a) den *Lohntarif*, der *Lohnerhöhungen* und *Lohnstruktur* umfaßt (*Ecklöhne, Lohngruppen, Nebenleistungen*);
b) den *Mantel-* und/oder *Rahmentarif*, der die *Arbeitszeit, Kündigungsfristen*,

Vorschlag für eine Folie
(9. Stunde, Unterrichtsschritt 3)

Koalitionsfreiheit
= Vereinigungsfreiheit

Art. 9 GG: (1) Alle Deutschen haben das Recht, Vereine und Gesellschaften zu bilden.

(3) Das Recht, zur Wahrung und Förderung der Arbeits- und Wirtschaftsbedingungen Vereinigungen zu bilden, ist für jedermann und für alle Berufe gewährleistet.

Tarifautonomie

In der Bundesrepublik Deutschland werden Arbeitsbedingungen und Löhne von Arbeitgeberverbänden und Gewerkschaften ohne Einmischung des Staates ausgehandelt. Der Gesetzgeber hat hierfür in Anlehnung an Art. 9 GG mit dem Tarifvertragsgesetz eine Rahmenordnung geschaffen.

(nach: Politik. Aktuell für den Unterricht, 12/1984, 23. 3. 1984, S. 4)

Urlaubsregelungen, Arbeitsplatzgestaltung und *Rationalisierungsschutz* enthält.
4. Der Tarifvertrag gilt in der Praxis für alle Parteien: *Tarifbindung*.
5. Die Tarifabmachungen sind *Mindestbedingungen;* in der Praxis gelten oft übertarifliche Bedingungen.
6. Während der Laufzeit (meist 2 Jahre) gilt *Friedenspflicht*.
7. Scheitern die Verhandlungen, kommt es zum *Arbeitskampf* mit *Streik* und *Aussperrung*. Während des Streiks zahlen Gewerkschaften ihren Mitgliedern je nach Beitragshöhe Streikunterstützung. Zu beachten ist, daß unorganisierte Arbeitnehmer während einer Aussperrung natürlich kein Streikgeld erhalten. Neuverhandlungen erbringen den *Tarifabschluß*.

Alternative 1:

Arbeitstransparente vom Erich Schmidt Verlag N 5 1036 (5. Auflage), Titel: „Tarifverträge" unterstützen den Lehrervortrag. 4 Folien mit den Untertiteln „Der individuelle Arbeitsvertrag", „Die Sozialpartner", „Die Tarifverhandlung und das Ergebnis" sowie „Der Tarifvertrag" stehen zur Verfügung. In schwachen Klassen können sie wegen ihrer stark vereinfachten Form auch den detaillierteren Lehrervortrag ersetzen.

Alternative 2:

Die Komplexität der Rechtsbestimmungen könnte auch durch einen Film der Landesbildstellen reduziert werden. „Mehr Gewinn oder mehr Lohn. Tarifrunde 1981 in der Metallindustrie NRW" (Nr. 323335). Der Film zeigt alles Grundsätzliche einer Tarifauseinandersetzung. Wegen seiner Länge (23 Minuten) sind aber bei den anderen Unterrichtsschritten Abstriche vorzunehmen oder andere Einsatzmöglichkeiten zu überlegen – z. B. als Einstiegsmotivation oder zur Nachbereitung der Thematik in einer Extrastunde.

Unterrichtsschritt 4:
Funktionstüchtigkeit des Tarifvertragssystems

Der historische Rahmen der Tarifinhalte wird mit einer Nennung der wichtigsten Nachkriegs-Streikziele errichtet (s. Tafelbild). Als Vorlage dient das Globus-Zahlenbild Nr. 5099.
Da Tarifauseinandersetzungen in der Bundesrepublik Deutschland eine schlechte Presse haben, rückt ein internationaler Vergleich die Relationen und Vorteile unseres Tarifvertragsrechts zurecht.
Mit dem Impuls „In Frankreich werden viermal so viele, in den USA achtmal, in Großbritannien zwölfmal, in Italien bis vierzigmal so viele Arbeitstage/Jahr an Streiks und Aussperrung verloren als in der Bun-

desrepublik Deutschland" (Zahlenbilder Nr. 631511, Vergleichszeitraum 1975–1983) kann die Frage nach den Ursachen gestellt werden. In diesem Zusammenhang werden die Tarifautonomie oder verschiedene institutionelle Regelungen (z. B. Schlichter) neben nationalen Arbeitskampftraditionen genannt.

Unterrichtsschritt 5:
Streik und Aussperrung

Diese Phase beleuchtet die letzten Stichworte des Tafelanschriebs näher: Streik und Aussperrung.

Die Schüler erhalten Meinungen von Jugendlichen, denen sie sich anschließen oder widersprechen können (s. Arbeitsblatt 9 A).
Die Arbeitsaufträge:
1. Nenne die Grundaussage(n) jeder Äußerung.
2. Welcher Meinung schließt Du Dich an? Begründe Deine Auswahl.
3. Gibt es heutzutage noch andere Argumente?

Mögliche Antworten:
1. a) Streiks in Krisenindustrien sind nicht sinnvoll.
   b) Streiks sind lebenswichtig für das Arbeiterbewußtsein und für eine lebendige Demokratie.
   c) Im Verteilungskampf bereichern sich einzelne Gruppen auf Kosten anderer;
   d) Streik und Verfügung über Produktionsmittel sind gleichwertige Kampfmittel; deshalb gehören Aussperrungen verboten.
2. Je nach Identifikation.
3. Ggfs. Hinweis auf die 35-Stunden-Woche, Rationalisierungsschutz, § 116 AFG.

Ergänzung:
Die Brisanz des § 116 AFG in der politischen Auseinandersetzung hat bereits im Streikjahr 1986 nachgelassen. Befürchtete Einschnitte ins Tarifgleichgewicht sind noch nicht abzusehen.

Da es dazu gut ausgearbeitete Unterrichtshilfen gibt, kann die Auseinandersetzung bei Bedarf aufgegriffen werden. In: Politik. Aktuell für den Unterricht 1, 1986, liegt dazu Quellenmaterial vor. Im einzelnen sind die Entstehungsgeschichte, die Standpunkte der Sozialpartner, Argumente der Bundesregierung, eine Bundestagsdebatte, die Neutralitätsanordnung der BfA sowie der alte und neue Gesetzestext dokumentiert. Ein besonderer Service bietet der Entwurf einer Tafelbeschriftung, so daß eine spontane Aktualisierung leichtfallen dürfte. Wenn dies nicht ausreicht – die Sichtweise der Gewerkschaften erfährt eine ausführliche Würdigung in der über siebzigseitigen GEW-Publikation: Der § 116 AFG: Der Streit um Streik und Aussperrung, o. V., Frankfurt 1986. Für den Begründungszusammenhang der Gewerkschaften, mit der Änderung des § 116 sei die Kampfparität zu ihren Ungunsten verschoben (Streikkosten!), gibt es interessante quantitative und qualitative Argumente insbesondere auf S. 66ff.

Unterrichtsschritt 6:
Partnerschaft im Wirtschaftsleben –
gibt's die?

Eine kritische Einschätzung der Problemfrage nimmt der letzte Unterrichtsschritt in einer neuen Perspektive auf. Der Lehrer gibt den Impuls mit der Überschrift für diese Phase.
Dazu kann Globus-Graphik Nr. 5702 herangezogen werden; sie liefert Datenmaterial „Stufen des Verdienens" (s. Arbeitsblatt 9 B). Sie gibt Anlaß für eine abschließende offene Diskussion im Spannungsfeld von Wirtschaft und Demokratie („Wirtschaftsdemokratie?"). Fragestellungen s. Arbeitsblatt.
Da diese Phase vorwiegend der offenen Diskussion dient, gibt es weder endgültige Antworten, noch allzu häufige Interventionen des Lehrers. Seine Aufgabe besteht lediglich darin, krasse Vorurteile und Mißverständnisse der Schüler zu korrigieren. Mit vorhandener Sachkenntnis und gebotener Zurückhaltung im Werten sollte ihm das gelingen.

Ergänzung:

Interessengegensätze bei der Lohnpolitik lassen sich als Wiederholung und Erweiterung der Stundeneinheit Markt – Angebot und Nachfrage – einbauen.

Das Schulbuch „Arbeiten und Wirtschaften", Stuttgart 1985, S. 73 und 75, steuert dazu zwei aussagekräftige Schaubilder bei, die die Lohnpolitik aus Gewerkschafts- und Arbeitgebersicht beleuchten. Sie erhellen Prämissen und Verbesserungsvorschläge der beiden divergierenden Ansätze.

Stichworte für die Prämissen werden Produktivität, Kostendruck, Rationalisierung und Entlassungen einerseits, Kaufkraftverlust, Absatzrückgang und Entlassungen andrerseits sein.

Bei den Lösungen spielen Konkurrenzfähigkeit und Investitionsneigung bzw. Kaufkrafterhöhung entscheidende Rollen.

Alternative:

Im Anschluß an die Doppelstunde „Neue Technologien" wird der Interessenskonflikt anhand gegensätzlicher Positionen bei der Einführung neuer Rationalisierungssysteme aufgegriffen.

Quellen zum Bildschirm als Gegenstand der Tarifauseinandersetzung finden sich in: Gegenwartskunde, Sonderheft 1981, S. 152f. Beurteilungen der Robotertechnologien aus Unternehmens- und Gewerkschaftssicht sind bei Lothar Böhnert et al.: Gemeinschaftskunde, Gymnasium 10. Schuljahr, Paderborn 1985, S. 63 dokumentiert.

Umstritten sind beim Bildschirm:
– Mitbestimmung bei deren Einführung;
– besondere Regelungen zur Arbeitsgestaltung;
– Besetzungsregelungen;
– zusätzliche Pausen.

Bei der Robotertechnologie prallen die Positionen aufeinander, wenn es um Wettbewerbsfähigkeit, Umsetzungen, flexible Marktbedingungen, Arbeitsplätze und „Geisterschichten" geht.

Mögliche Hausaufgabe:

Lernzielkontrolle: Ergänzungsvorschlag aus Unterrichtsschritt 2 dieser Stunde.

10. Stunde: Arbeitszeitverkürzung

Ruin oder Rettung?

Fachwissenschaftliche und didaktische Vorbemerkungen

Tarifrunde 1984 – langer Arbeitskampf und ein schillerndes Tarifergebnis, eine Kombination von allgemeiner Arbeitszeitverkürzung, Flexibilisierung, Lohnerhöhung und Rationalisierungsschutz; neu auch die Verlagerung tarifvertraglicher Regelungskompetenzen auf Betriebsebene. Hintergrund dieser überraschend verlaufenen Tarifauseinandersetzung ist eine anhaltende Massenarbeitslosigkeit von über 2 Millionen, die weder mit angebots- noch mit nachfrageorientierter Politik zu bewältigen zu sein scheint. Die ökonomische Krise verschärft sich durch den technischen Wandel und die bis 1990 anhaltend große Zahl von arbeitssuchenden Jugendlichen.

Damit wird die Arbeitszeit zur „entscheidenden Stellgröße der Beschäftigungspolitik" – so in einer der meistzitierten Gemeinschaftsarbeiten zu diesem Thema von Uwe Engfer, Karl Hinrichs, Claus Offe und Helmut Wiesenthal: Arbeitszeitsituation und Arbeitszeitverkürzung in der Sicht der Beschäftigten, in: Mitteilungen aus der Arbeitsmarkt- und Berufsforschung, 16, 1983, H. 2, S. 91ff.

In der historischen Entwicklung lassen sich weit zurückgehende Strukturkonflikte zwischen Kapital und Arbeit um die zeitliche Verfügbarkeit über die Arbeitskraft erkennen:
– Während der Industriellen Revolution gelang den Unternehmen eine Ausdehnung bis zur 80-Stunden-Woche;
– Bis zum 1. Weltkrieg gelang der Arbeiterbewegung eine Herabsetzung auf 55 Stunden;
– Die Demobilisierungsbehörden verordne-

ten 1918/1919 den 8-Stunden-Tag, der in der Weimarer Republik mal aufgelockert, dann politisch wieder zurückerobert wurde;
– Während des Nationalsozialismus wurde zwar das noch heute gültige Arbeitszeitgesetz mit der 40-Stunden-Woche erlassen, de facto erfolgte aber eine Ausdehnung der Arbeitszeit;
– In der Nachkriegszeit war die Arbeitszeitverkürzung ein oft wiederkehrendes Streikziel: von 48,5 Stunden in den Jahren 1954/55 wurde bis 1970 in den meisten Wirtschaftszweigen die Wochenarbeitszeit auf 40 Stunden gedrückt.

(Angaben nach Klaus Waldmann: Thesen und Materialien zum Thema Arbeitszeitverkürzung, in: Gegenwartskunde 3, 1983, S. 331–342, hier: S. 333; generell ist der Aufsatz am besten für Unterrichtszwecke zur 35-Stunden-Woche zu gebrauchen.)

Sicherlich greift der DGB heute auf die historischen Beschäftigungseffekte von Arbeitszeitverkürzungen zurück. So ging beispielsweise von 1919 bis 1920 die Arbeitslosigkeit um ca. ¾ durch die Einführung des 8-Stunden-Tages zurück.

Aktuell bewegen sich Forderungen um verkürzte Arbeitszeiten in folgendem Rahmen (zusammengestellt nach: Hans Schneider: Die 35-Stunden-Woche bei vollem Lohnausgleich in: Die berufsbildende Schule, 36, 1984, H. 7/8, S. 449f.):
– Die tägliche Arbeitszeit wurde im Laufe der Jahrzehnte proportional zur gesteigerten Produktivität reduziert, die Erholungszeiten somit verlängert;
– Die Wochenarbeitszeit verteilt sich auf 5 Tage – außer in Schulen und im Dienstleistungsbereich –, wobei der Freitagnachmittag oft durch flexible Gleitzeitbedingungen wegfällt;
– Die Jahresarbeitszeit verkürzt sich um 14 Tage (1960: 15 Urlaubstage, 1982: 29 Urlaubstage).

– Seit dem 29. 3. 1984 kann die Lebensarbeitszeit mit dem 58. Lebensjahr enden (flexible Altersgrenze je nach Betriebsentscheidung).

Mit Klaus Waldmann (a.a.O., S. 334) können alle Strategien zur Arbeitszeitverkürzung nach ihren beschäftigungspolitischen Wirkungen, ihren Kosten und Nutzen, ihrer gesellschaftspolitischen Wünschbarkeit und ihrer Kongruenz mit Arbeitspräferenzen der Betroffenen beurteilt werden. Bei dieser Einschätzung liegt denn auch der eigentliche Sprengsatz in der Diskussion. Beim Durchblättern der Verbandsstellungnahmen fällt insbesondere die Einseitigkeit auf. Nur bei fünf bis sechs Unterrichtsstunden Zeit könnte deshalb der Abdruck der Originalpositionen von Gewerkschaften und Arbeitgebern didaktisch verantwortet werden, da dann Quellenkritik das wichtigste Ziel wäre. Würde das nicht gemacht, könnte der Schein von Argumenten allzuleicht verblenden.

Das folgende Belegmaterial stammt deshalb aus erhärteten und neutralen Berechnungsgrundlagen:
– Der Beschäftigungseffekt beträgt zwischen 50 und 60%, der Arbeitslosenentlastungseffekt ca. 40%, wenn man den von der Verkürzung der Wochenarbeitszeit induzierten Produktivitätsgewinn von ca. 40% berücksichtigt.
– Die Wirkung der 35-Stunden-Woche schwankt je nach Einschätzung des induzierten Produktivitätsgewinns zwischen 1 und 3 Millionen Neueinstellungen. Zum Vergleich: ein Tag mehr Jahresurlaub brächte zwischen 38000 und 100000 Neueinstellungen, 2% mehr Teilzeitbeschäftigte ergäben ca. 30000 neue Teilzeitarbeitsplätze à 20 Stunden.

(Angaben nach Thomas Kutsch und Fritz Vilmar [Hrsg.]: Arbeitszeitverkürzung – ein Weg zur Vollbeschäftigung? Opladen 1983, S. 87ff. und: Minister für Arbeit, Gesundheit und Soziales des Landes NRW: Model-

le zur Arbeitszeitverkürzung und Arbeitsverteilung, Düsseldorf 1983.)
Praktische Erprobungen im Berichtsjahr 1986 sind noch nicht so weit gediehen, daß sich eine abschließende Würdigung der Hochrechnungen anböte. Es sei jedoch auf das Wochenschau-Heft 1, Sek. II, 1984 verwiesen, das ein breites Quellenangebot offeriert und auf S. 9 ein Beispiel aus der Nacanco-Betriebs-Praxis schildert.

Verschiedene Motive führen bei Gewerkschaften, Arbeitgebern und dem Staat zur Position in der Frage der Arbeitszeitverkürzung.
Für die Arbeitnehmer steht eine Schonung ihrer Arbeitskraft und die Sorge um den Arbeitsplatz im Vordergrund. Herabsetzung der Altersgrenze, verlängerter Jahresurlaub und – erst an dritter Stelle! – verkürzte Wochenarbeitszeit und flexible Arbeitszeiten sind ihre Präferenzen (Uwe Engfer et al., a.a.O., S. 96).
Die Gewerkschaft will Ziele in der Beschäftigungs-, Sozial-, Humanisierungs-, Familien- und Freizeitpolitik erreichen. Kollektive Regelungen sind angestrebt, um entsolidarisierende und arbeitsverdichtende Effekte einer flexiblen Arbeitszeitgestaltung zu verhindern. Schwerpunkte sind dabei eine gleichmäßigere und gerechtere Verteilung der vorhandenen Arbeitsplätze auf alle Arbeitnehmer und eine Humanisierung standardisierter und sonstiger belastender Routinetätigkeiten. Dabei konzediert auch die Arbeitnehmervertretung, daß „das größte Problem von Arbeitszeitverkürzungen die durch diese ausgelösten Rationalisierungs- und Arbeitsverdichtungsvorgänge (sind)". (DGB-Bundesvorstand [Hrsg.]: Gewerkschaftliche Unterrichtshilfen Nr. 4: Arbeitszeitverkürzung, Frankfurt 1983, S. 13)
Die Unternehmen stellen die Kostenbelastung, strukturelle Arbeitsmarktprobleme und daraus abgeleitete Rationalisierungsmaßnahmen, die Flexibilisierung der Arbeitszeit und eine Erweiterung von Teilzeitarbeitsplätzen als Gegenargumente in den Raum. Angelpunkt der Argumentation ist die Wettbewerbsfähigkeit: „Mit Lohnausgleich bedeuten Arbeitszeitverkürzungen eine Beeinträchtigung der Wettbewerbsfähigkeit und Investitionskraft der Unternehmen und damit auch der bestehenden Arbeitsplätze." (F.-H. Himmelreich, stellv. Hauptgeschäftsführer der BDA, in: Der Arbeitgeber, 2, 1977, S. 38)
Der Staat schließlich erhofft sich eine Entlastung der Sozialversicherungshaushalte und einen Rückgang des Haushaltsdefizits der Bundesanstalt für Arbeit. Allerdings verlangte die CDU/FDP-Regierung Anfang der 80er Jahre eine „Lohnpause" der Gewerkschaften, womit auch weitergehende Forderungen zunächst keine Unterstützung fanden.
Aus all diesen Motiven ergibt sich, daß weder eine generelle Arbeitszeitverkürzung, noch die verstärkte Förderung der Teilzeitarbeit im gemeinsamen Interesse der Interessensverbände liegt. „Für die Arbeitgeber wäre weder die Verpflichtung zur Mehrbeschäftigung noch die im Erfolgsfalle zu erwartende Verknappung der Arbeitskraft attraktiv, und für die von den Gewerkschaften vertretenen Beschäftigten wären auch begrenzte Einkommensverzichte eine schwer zu vermittelnde Zumutung." (Fritz W. Scharpf: Institutionelle Bedingungen der Arbeitsmarkt- und Beschäftigungspolitik, in: aus politik und zeitgeschichte, 6, 1983, S. 3–15, hier: S. 14)
Es gibt also offenbar keine konsensfähige, sozialverträgliche Patentlösung; das Problem wird uns noch weiter beschäftigen.

In die didaktischen Überlegungen fließen deshalb beschäftigungspolitische, betriebswirtschaftliche und gesellschaftspolitische Beurteilungskriterien ein. Nicht zuletzt hängt eine Arbeitszeitverkürzung auch von der Gestaltung der neu gewonnenen Freizeit ab, womit eine neue Perspektive eröffnet ist. Der Sachanalyse entsprechend sollte eine Überlastung der Schüler durch heterogenes und widersprüchliches Material vermieden werden. Dazu sind wir noch viel zu sehr im Problem befangen. Statt dessen wird das Ziel angestrebt, den Schülern Orientierungshilfen zur eigenen Urteilsbildung an die Hand zu geben.

In die Unterrichtsauswahl gingen ein:
– Die Forderungen der Gewerkschaften zur Arbeitszeitverkürzung und deren Problematisierung. Der Einstieg wird visuell und plakativ über Slogans vollzogen, eine Karikatur bringt die Problemfrage Ruin oder Rettung auf den Begriff.
– Die umstrittenste Forderung, die 35-Stunden-Woche bei vollem Lohnausgleich, wird antithetisch vermittelt: die wichtigsten Argumente und Gegenargumente sind neu zusammengestellt, vereinfacht und vervollständigt. Beide Interessensverbände präparieren ihre Thesen nämlich so geschickt, daß ihre Schlußfolgerungen jeweils zwingend erscheinen. Um mehr Objektivität haben sich Michael Jungblut und Heinz Michaels in: Die Zeit, Nr. 16 vom 13. 4. 1984, S. 18f. sowie der bereits genannte Hans Schneider, a.a.O., S. 451–453 in Resümees der Pro- und Contra-Argumente bemüht. Ein Arbeitsblatt, das die Schüler in Gruppenarbeit bearbeiten und wiedergeben, verdankt im wesentlichen diesen drei Autoren die Entstehung.
– Flexibilisierung der Arbeitszeit tritt zwar nur marginal in den Verteilungskonflikt mit ein, ist aber als Unternehmerstrategie eine Gegenoffensive zu den Umverteilungsforderungen der Gewerkschaften. Die Behandlung dieser Position benötigte mehr Zeit, sodaß wesentliche Elemente vom Lehrer selber dargeboten werden. Anhand eines Beispiels aus der Betriebspraxis thematisiert man Vorteile und Einwände.
– Unter veränderter Perspektive endet die Unterrichtsstunde: viele Leute wissen mit dem Mehr an Freizeit nichts anzufangen, manchen erscheint es als Verheißung zur Verwirklichung humaner Wertvorstellungen. Die Schüler vergleichen ihre Vorstellungen mit denen anderer in der Klassengemeinschaft, entwickeln und antizipieren individuelle Wertvorstellungen.

Ziele der Stunde

Die Schüler erkennen
– Formen der Arbeitszeitverkürzung;
– Kategorien unternehmerischer und gewerkschaftlicher Stellungnahmen;
– Vorteile der Unternehmensstrategie „Flexibilisierung".

Die Schüler erarbeiten
– Begründungen zur Arbeitszeitverkürzung;
– Argumente und ihre Zuordnung zu Arbeitnehmer- und Arbeitgeberpositionen;
– Einwände von Beschäftigten und Gewerkschaftlern gegenüber flexiblen Arbeitszeitregelungen;
– familiäres und persönliches Freizeitverhalten unter Voraussetzung größerer Zeitsouveränität.

Die Schüler problematisieren
– Arbeitszeitverkürzung im Rahmen anderer Verteilungskonflikte um Löhne, Gewinne und Sozialleistungen;
– die Überzeugungskraft verschiedener Argumente zur Arbeitszeitverkürzung;
– eigenes Verhalten zwischen Freizeitindustrie und humaner Selbstverwirklichung.

Schulbuchhinweis:
– arbeiten und wirtschaften. Teil Wirtschaftslehre 9/10. Klett, Stuttgart 1985, S. 98f. (Arbeitszeitverkürzung: Pro und Contra mit Graphiken zur Geschichte der Arbeitszeitverkürzung sowie Planungen der Unternehmen bei Arbeitszeitverkürzung)

Zusätzliche Literatur:
- Die Zeit, Nr. 49 vom 29. 11. 1985, S. 32 (Beschäftigungseffekt nach dem Tarifkonflikt 1984; das Zahlenspiel der Kontrahenten)
- Informationsdienst des Instituts der deutschen Wirtschaft 22. 3. 1984, Titel: Arbeits-Preis (Arbeitszeiterleichterung aus der Sicht der Arbeitgeber)
- Angestellten-Magazin, Januar 1984
- Bundesarbeitsgemeinschaft Schule – Wirtschaft (Hrsg.): Wirtschafts- und gesellschaftspolitische Informationen 5, 1983: Arbeitszeitpolitik in der Bundesrepublik Deutschland (Didaktik)
- Der Gewerkschafter, Juli 1983 (Gewerkschaftsposition)
- Claus Offe / Karl Hinrichs / Helmut Wiesenthal: Arbeitszeitpolitik. Formen und Folgen einer Neuverteilung der Arbeit. Frankfurt, New York 1982 (umfassendste Darstellung zum Thema)

Verlaufsskizze

Unterrichtsschritt 1:
Forderungen der Gewerkschaften – Ruin der deutschen Wirtschaft?

Der Unterricht beginnt mit zwei Folienimpulsen (s. S. 81).
Zuerst erhalten die Schüler die wichtigsten Forderungen und Begründungen der Gewerkschaften zur Arbeitszeitverkürzung in Parolenform dargeboten (angelehnt an eine Zusammenstellung des DGB-Bundesvortands [Hrsg.]: Gewerkschaftliche Unterrichtshilfen Nr. 4: Arbeitszeitverkürzung. Union, Frankfurt 1983, S. 54).
Zügig können die Schüler nach der Thematik, dann nach Formen, Ursachen und Folgen der Arbeitszeitverkürzung gefragt werden.
Die Antworten werden den Parolen entnommen:
Arbeitszeitverkürzungen: Wochenarbeitszeit, Jahresarbeitszeit, Lebensarbeitszeit, tägliche Arbeitszeit.
Begründungen: Humane Arbeitsbedingungen, Bekämpfung der Arbeitslosigkeit, erweiterte Bildungsmöglichkeiten.

Eine Problematisierung erfolgt durch die zweite Folie. Die Schüler beziehen Stellung zur dargestellten Person, deren These und der Meinung des Karikaturisten Leger: ein Unternehmer äußert, daß verkürzte Wochenarbeitszeiten wirtschaftlichen Ruin bedeuten. Die ausgestrichenen Etappen der Arbeitszeitverkürzung (48-, 45-, 40-, 35-Stunden) markieren die Fragwürdigkeit der Argumentation. Nach der Besprechung dieser Folie lassen sich Stundenthema und Problemfrage formulieren.

Ergänzung:

Ein historischer Abriß der Arbeitszeitverkürzung relativiert die tagespolitische Brisanz der Forderungen um die 35-Stunden-Woche. Die Chronologie (in: Der Gewerkschafter, 7, 1983, auch in: Gewerkschaftliche Unterrichtshilfen Nr. 4, a.a.O., S. 80), umfaßt 19 Stationen seit 1848.
Die Arbeitsaufträge lauten:
1. Schreibt Tages- und Wochenarbeitszeit heraus.
2. Wodurch gelangen die Fortschritte in der Arbeitszeitverkürzung?
Die Antworten ergeben sich aus den Materialien (vgl. auch Vorbemerkungen).

Unterrichtsschritt 2:
35-Stunden-Woche mit Lohnausgleich
Argumente und Gegenargumente

Die Schüler erhalten das Arbeitsblatt 10, und machen sich mit der Argumentationsweise von Arbeitgebern und Gewerkschaften zur Arbeitszeitverkürzung vertraut. Wie in den Arbeitsaufträgen vorgesehen, ordnen sie die einzelnen Argumente dem jeweiligen Wirtschaftsverband mit den Buchstaben AN und AG zu und bemühen sich, für jede These eine eigene Formulierung zu finden. Die Thesen werden nacheinander aufgerufen, umformuliert und dann vom Lehrer im antithetischen Tafelbild festgehalten. In der Kopiervorlage nicht enthaltene, die gegensätzlichen Standpunkte jedoch vertiefenden Argumente kann der Lehrer je nach Bedarf ergänzen. Hinweise dazu findet die Lehrperson im eigentlichen Stundenblatt (Ergänzungen in Parenthese).

Vorschlag für eine Folie
(10. Stunde, Unterrichtsschritt 1)

Forderungen und Begründungen der Gewerkschaften zur Arbeitszeitverkürzung:

URLAUBSVERLÄNGERUNG!

                         LÄNGERE PAUSEN!

     35-STUNDEN-WOCHE!

             SCHAFFT MENSCHLICHE ARBEITSBEDINGUNGEN!

10.SCHULJAHR FÜR ALLE!

    HELFT DEN ARBEITSLOSEN KOLLEGEN!

                        4-TAGE-WOCHE!

BILDUNGSURLAUB FÜR ALLE!   LÄNGERE PAUSEN!

   HERABSETZUNG DES RENTENALTERS!

WOCHENENDE FÜR FREIZEIT!

               WEGEZEIT=ARBEITSZEIT!

(aus: „Vorwärts", Zeichnung Leger, in: Mehr Zeit fürs Leben. Hrsg.: Industriegewerkschaft Druck und Papier, Heft 38, o.V. Stuttgart o.J. S. 60)

Falls die Zeit reicht, ist ein freier Meinungsaustausch über die Überzeugungskraft der Positionen angebracht.

Unterrichtsschritt 3:
Flexible Arbeitszeit: Weg aus der Sackgasse?

Aufgabe dieses Teilschritts ist es, sowohl die Praxis einer Arbeitszeitflexibilisierung, als auch die gewerkschaftliche Position dazu zu zeigen.

Der Lehrer schildert zuerst die Praxis des Textilkaufhauses Beck in München (nach: Süddeutsche Zeitung vom 8. 11. 1982, S. 21 bzw. Die Zeit Nr. 10 vom 4. 3. 1983, S. 19):

Titel: Experiment zur Arbeitszeit
– 1976 zeigte eine Umfrage bei den Mitarbeitern des Textilkaufhauses Beck in München, daß ca. 40% – überwiegend Frauen – gerne weniger als 40 Stunden arbeiten wollten.
– Nach einer Erprobungsphase kann seit einigen Jahren jeder Mitarbeiter frei bestimmen, wie viele Stunden im Monat die durchschnittliche Arbeitszeit betragen soll.
– Untere Grenze sind 60, weitere Wahlmöglichkeiten gehen bis zur vollen Arbeitszeit von 160 Stunden/Monat.
– Im Verlauf des Jahres besteht die Möglichkeit, in einzelnen Monaten weniger zu arbeiten als zu Jahresbeginn gewählt; die Fehlzeit kann in einem beliebigen Monat nachgeholt werden, ohne daß sich das Durchschnittsgehalt ändert.
– Es ist durchaus nicht so, daß bei schönem Wetter alle zum Baden verschwinden oder bei Regen sich gegenseitig auf die Füße treten.

Vorteile: die Arbeitszeit kann selbst bestimmt werden, der persönliche Spielraum wird größer, Eigenverantwortlichkeit und Engagement werden gestärkt, eine Umsatzbeteiligung fördert die Berufsfreude, Personalsorgen sind deutlich geringer geworden, wegen der starken Inanspruchnahme der Teilzeitarbeit (inzwischen ⅔ der Beschäftigten) gab es 50 neue Beschäftigte.

Nachdem die Vorteile an der Tafel fixiert worden sind, bekommen die Schüler die Gelegenheit, Einwänden der Gewerkschaften gegen diese individuelle Arbeitszeitgestaltung nachzuspüren:
– Teilzeitarbeitsverhältnisse bieten kaum Weiterqualifizierungs- und Aufstiegschancen;
– Flexible Arbeitszeitregelungen vermeiden Leerzeiten und sind deshalb eine unternehmerische Rationalisierungsstrategie (Intensivierung der Arbeit);
– Flexible Arbeitszeitregelungen sind oft individuelle „Zusatzverdienste" und „Übergangslösungen" und untergraben damit solidarische gewerkschaftliche Aktionen;
– Die tarifliche Position der Arbeitnehmer wird durch flexible Lösungen geschwächt (s. Tafelanschrieb).

In transferschwachen Klassen werden Stichworte zur Gewerkschaftsposition gegeben, anhand derer die Schüler die vier Einwände im Gedankengang vervollständigen: Aufstieg? Arbeitstempo? Solidarität? Tarifkonflikt?

Alternative:

Die dem Unterrichtsschritt zugrundeliegenden Texte zur „Betrieblichen Praxis" und zur „Position der Gewerkschaften" sind in schwachen Klassen im Wortlaut darzubieten.
Eine detaillierte Analyse mit Klärung von Fremdwörtern und mit Leitfragen nach Vorteilen und Gewerkschaftseinwänden zur Flexibilisierung kann in diesem Fall geleistet werden. Materialhinweis: Wochenschau, 1, 1984, S II, S. 33 (Kaufhaus Beck) und S. 35 (Gewerkschaftsposition).

Ergänzung:

Für interessierte Klassen kann eine Vertiefung angeboten werden. Politik. Aktuell für den Unterricht vom 19. 4. 1985, S. 7f. erörtert Flexibilisierungsmodalitäten nach der tariflich festgelegten Wochenarbeitszeit von 38,5 Stunden im Jahre 1984. Es wird also untersucht, wie die 1,5 Stunden verkürzte Arbeitszeit flexibel gehandhabt werden

können. Entwurf und Gegenentwurf eines neuen Arbeitszeitgesetzes sind angefügt, so daß die Schüler zur intensiven Quellenarbeit angeleitet werden.
Systematisch und extensiv geht eine Synopse von Flexibilisierungsmöglichkeiten in denselben Unterrichtshilfen vom 31. 10. 1985, S. 1–3 vor. Vom Job-Tandem bis Kapovaz (kapazitätsorientierte, variable Arbeitszeit) werden 11 Flexibilisierungsmodelle vorgestellt, die mit einem brauchbaren Arbeitsraster in das Wissensrepertoire der Schüler integriert werden.
Wer das Thema ausführlicher erörtern will, findet in der o. e. Wochenschau-Ausgabe noch weitere Quellenangebote (S. 31–35).

Unterrichtsschritt 4:
Mehr Zeit fürs Leben?

Die Anfangsproblematisierung „Ruin oder Rettung?" wird in der abschließenden, freien und offenen Gesprächsrunde unter einer neuen Perspektive aufgenommen: Was tun in der immer reichlicher bemessenen freien Zeit?
Zwei Vorschläge zur Gesprächsstrukturierung:
1. Was passiert wohl in deiner Familie, wenn deine Mutter/dein Vater fünf Stunden weniger in der Woche arbeitet?
2. Du hast mehr Freizeit. Wie nutzt du sie?

Antwortmöglichkeiten:
1/2. Lange Wochenende „drohen", weil die Familienmitglieder nichts miteinander anfangen können; sobald Alltagspflichten wegfallen, treten Leere und Langeweile auf; jeder einzelne vertieft sich in sein individuelles Hobby, Angebote der Freizeitindustrie werden vorschnell konsumiert; aber auch: mehr Zeit für Gespräche, kreative Unternehmungen, Geselligkeit, Aktivitäten in der Lokalpolitik . . .

Alternative:

Das Themenheft „Zeit zum Leben" der Politischen Zeitung 42, 1985 ist ganz der Freizeit gewidmet. In ihm finden sich viele jugendgemäße Anregungen zur Funktion von mehr Feierabend.

Zu empfehlen sind von ihrer gegensätzlichen Textstruktur her „Smog-Alarm im Hause X" (negative Freizeitgestaltung, S. 8) und „. . . mal wieder was zusammen tun" (S. 13).
Auch eine Untersuchung über das Freizeitverhalten der Deutschen kann als Gesprächsimpuls dienen, um eigenes Erleben zu reflektieren. Vergleiche sowie Begründungen für fremdes und eigenes Freizeitverhalten sind als Arbeitsaufgaben denkbar.
Die wichtigsten Auszüge aus der Untersuchung:

Rund 47 Millionen Erwachsene leben in der Bundesrepublik Deutschland. Jeder hat ungefähr 2130 Stunden Freizeit. Wofür nutzt er sie?
– rund 33 Stunden für Bildung, Kultur, Unterhaltung
– rund 335 Stunden für Geselligkeit (obenan stehen Besuche und Restaurants/Kneipen)
– 19 Stunden jährlich für gesellschaftspolitische Aktivitäten (Parteiarbeit, Politik, Umwelt, Soziales)
– rund 190 Stunden für hauswirtschaftliche Hobbys (Gartenpflege ist einsamer Spitzenreiter in dieser Kategorie)
– rund 44 Stunden für künstlerische Hobbys (Photographieren, Malen, Musizieren)
– 1324 Stunden für den Medienkonsum (Spitzenreiter ist hier das Fernsehen, dann kommt Musik hören, Bücher lesen, Zeitungen und Zeitschriften)
– rund 183 Stunden für den Freizeitsport

(Quelle: PZ 42, 1985, S. 13, Spiegel-Verlag, Hamburg 1983)

Mögliche Hausaufgabe:

Bearbeitung des Fallbeispiels der 11. Stunde, Unterrichtsschritt 2 (Arbeitsblatt 11).

11./12. Stunde:
Betriebsverfassung und Mitbestimmung (Doppelstunde)

Fachwissenschaftliche und didaktische Vorbemerkungen

„Unter der Mitbestimmung der Arbeitnehmer versteht man die Teilnahme der Arbeitnehmer oder ihrer Vertreter an der Gestaltung und inhaltlichen Festlegung des Willensbildungs- und Entscheidungsprozesses eines Unternehmens ohne Rücksicht auf die Art und den Umfang der Teilnahme." (Arnold Gündling: Unterrichtsmodell: Mitbestimmungsgesetz 1976, in: Wirtschaft und Gesellschaft im Unterricht, 1981, S. 94–101, hier: S. 95)

Die Definition impliziert verschiedene Formen der Mitbestimmung wie auch die Vielfalt der Bedingungsfaktoren betrieblicher Konfliktaustragung.

Gesetzliche Regelungen und Graphiken zur Mitbestimmung geben zwar plastisch Entscheidungsmechanismen und Beteiligungsorgane wieder, ihre statische Betrachtungsweise wird aber der Dynamik der jeweiligen betrieblichen Situation und ihrer Variablen nicht gerecht. „So nützt zum Beispiel dem Betriebsrat sein Einspruchsrecht bei gesundheitsgefährdenden Anlagen gar nichts, wenn der Betrieb die Anschaffung neuer Anlagen nicht verkraften würde (z. B. wegen Produktions- und Ertragsausfall, Illiquidät). Auf der anderen Seite könnte der Betriebsrat genau durch diesen Umstand – nämlich durch Stillschweigen über den mangelhaften Zustand – eine Reihe anderer Vergünstigungen für die Belegschaft ‚erkaufen‘; denn die Betriebsleitung ist erst recht nicht an der Schließung des Betriebes oder zumindest nicht an einer Existenzgefährdung interessiert." (Max Körting / Günter Lauer / Werner Wehres: Konfliktlösung im Betrieb, in: arbeiten und lernen 20, 1982, S. 33–36, hier: S. 33) Welch Faktorenbündel eine betriebliche Konfliktaustragung bedingt, illustriert nachfolgende Darstellung:

Bedingungsfaktoren betrieblicher Konfliktaustragung

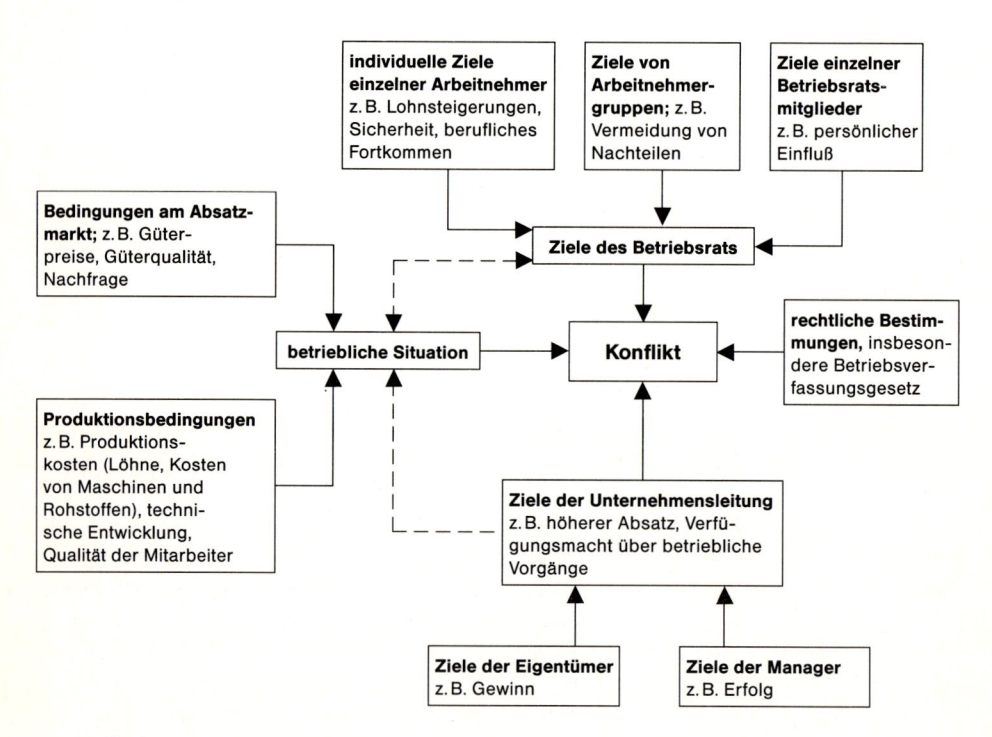

(a+l Nr. 20 / 4. Jahrg. / März, April 1982)

So wäre es auch nicht statthaft, von einer einfachen antagonistischen Arbeitgeber-/Arbeitnehmerinteressenlage bei der Mitbestimmung auszugehen. Auch in Unternehmerkreisen verbreitet sich immer mehr die Erkenntnis, daß der technologische und arbeitsökonomische Wandel nicht in starren, inflexiblen Organisationen zu meistern ist. „Als Fazit der Mitarbeiterbeteiligung aufgrund meiner Erfahrung und aus meiner Sicht kann ich sagen, daß die Arbeit in einem partnerschaftlich konzeptionierten Unternehmen ganz einfach mehr Spaß macht. Es geht gerechter und menschlicher zu [...] Alle, der Gesetzgeber, die Tarifpartner und die Unternehmer, sollten deshalb sowohl aus politischen als auch aus wirtschaftlichen Gründen interessiert sein, die Entwicklung zum partnerschaftlichen Unternehmen zu fordern, in dem eine Kombination von Menschlichkeit und Effizienz möglich und erfolgreich ist." (Der Unternehmensmanager Reinhard Mohn: Partner leisten mehr, in: Die Zeit Nr. 45 vom 1.11. 1985, S. 40).

Für den Lehrer kommt es darauf an, aus der Fülle der Aspekte das Thema Mitbestimmung didaktisch zu reduzieren. Folgende Schwerpunkte sollten berücksichtigt werden:
– Geschichte
– gesetzliche Grundlagen
– Ebenen der Mitbestimmung und Durchsetzungsmöglichkeiten der Interessenvertretung
– Jugendvertretung im Betrieb.

Die historischen Stationen der Mitbestimmung sind in einer sozialkundlich orientierten Doppelstunde nicht unterzubringen, so wünschenswert eine Begründung des historisch gewachsenen Mitbestimmungsanspruchs auch wäre. Die Gewerkschaftlichen Unterrichtshilfen Nr. 5; Mitbestimmung, Union, Frankfurt 1984 bieten dazu jedoch auf den Seiten 79–103 umfangreiches audiovisuelles und Textmaterial an; auch ein demselben Thema gewidmetes Heft der Wochenschau, 5, 1985, S II, ist hilfreich, ebenso eine Synopse der Informationen zur politischen Bildung 175, Neudruck 1982, S. 22. Damit ist leicht eine eigene Stunde zu gestalten.

Auch das wichtige Kapitel „Mitarbeiterbeteiligung" in vermögenspolitischer Perspektive würde den Rahmen eines einführenden Wirtschaftskundeleitfadens sprengen. In besonders interessierten Klassen sollte aber dennoch ein Rollenspiel eingesetzt werden, das dieses zukunftsrelevante Thema aufgreift (Franz Josef Kaiser / Eckhard Steuer: Vermögensbildung in Arbeitnehmerhand, in: arbeiten und lernen 34, 1984, S. 21–26).

So bleibt die Behandlung der soziotechnischen Handlungssysteme auf Unternehmens- und Betriebsebene.

Zunächst eine kurze Sachanalyse: Die Partizipation geschieht in personellen, sozialen und wirtschaftlichen Angelegenheiten auf Unternehmens-, Betriebs- und Individualebene.

Mitbestimmungsorgan auf Betriebsebene ist der Betriebsrat (und die Jugendvertretung), dem im Betriebsverfassungsgesetz von 1972 eine ganze Reihe von Informations-, Initiativ-, Mitwirkungs- und Mitbestimmungsrechte eingeräumt wurden.

Auf Unternehmensebene (Vorstände und Aufsichtsräte von Gesellschaftunternehmen) ist die Mitbestimmung hingegen in fünf unterschiedlichen Gesetzen geregelt.

Das Montanmitbestimmungsgesetz datiert von 1951. Es gilt für Betriebe der Montanindustrie und ist das bislang einzige paritätische Gesetz (z.B.: 7 Arbeitnehmer, 7 Arbeitgeber, 1 Neutraler). 1981 ergab ein Änderungsgesetz die Anwendung des Modells für weitere sechs Jahre auch für Konzerne, deren Montananteil nur noch 30% beträgt (Lex Mannesmann).

Für große Kapitalgesellschaften mit mehr als 2000 Arbeitnehmern regelt das Mitbestimmungsgesetz von 1976 eine gleichgewichtige Besetzung des Aufsichtsrats. Jedoch: der Vertreter der leitenden Angestellten wurde der Arbeitnehmerseite zugeschlagen; bei Pattsituationen hat der den Anteilseignern angehörende Aufsichtsratsvorsitzende doppeltes Stimmrecht.

Drittelparität herrscht in den kleineren Kapitalgesellschaften mit weniger als 200 Beschäftigten laut Betriebsverfassungsgesetz von 1952.

Für die übrigen Unternehmen und den öffentlichen Dienst gilt nur innerbetriebliche Mitbestimmung (Betriebs- und Personalräte). Unternehmen mit weniger als fünf Beschäftigten gewähren keine Mitbestimmungsrechte (vgl. dazu: Informationen zur politischen Bildung, 175, a.a.O., S. 23).

Bedeutsam ist, daß das Bundesverfassungsgericht am 1. 3. 1979 feststellte, daß das Mitbestimmungsgesetz von 1976 nicht das Eigentumsrecht, die Vereinigungsfreiheit, die Berufsfreiheit, die Freiheit zu wirtschaftlicher Betätigung und die Koalitionsfreiheit der Unternehmen verletze. Und: weiterreichende Gesetzesvorstöße werden dem politischen Raum überlassen (s. dazu: Sonderheft 1 der Gegenwartskunde 28, 1979, bes. S. 51–64 und 107–212 bzw. zur Montanmitbestimmung: Heft 30, 1981, S. 79–86).

Es wäre natürlich verfehlt, gerade beim Thema Mitbestimmung nur eine fremdbestimmte Auseinandersetzung mit vorgegebenen Lernstoffeinheiten zu Mitbestimmungsorganen, Rechtsbestimmungen und Mitbestimmungsmodellen zu praktizieren. Wenn wir dagegen von Schülernähe ausgehen, erhalten die Schüler Gelegenheit, ihre Vorstellungen über Mitbestimmung zu artikulieren, sie anhand von Fakten zu überprüfen und danach zu neuen Erkenntnissen zu gelangen. Behandeltes wird immer wieder spiralförmig aufgegriffen, Sachwissen mit Handlungsorientierung gekoppelt.

Der erste Teil der Doppelstunde beginnt schülerzentriert mit der Anknüpfung an Mitbestimmungserfahrungen der Schüler in der Familie. Vorgeschlagen ist eine Familienkonferenz zum Ausbildungsweg des Sohnes. Dieser Unterrichtsauftakt eignet sich sicherlich dafür, Hierarchieprobleme, Beteiligungsgrade an der Entscheidung und Voreinstellungen bewußt zu machen. Die Überleitung zur Arbeitnehmermitbestimmung fällt leicht, weil es auch dort um die Ausgestaltung des Mitbestimmungsrechts geht.

Im folgenden Unterrichtsschritt beurteilen die Schüler zunächst nach eigenem Empfinden, bei welchen Fallbeispielen aus dem Betrieb sie dem Betriebsrat Beteiligungsrechte einräumen. Mit Recht betont der Autor dieser Idee, Kurt Koeder, daß diese Vorgehensweise das Rechtsbewußtsein des einzelnen fördert (ders.: Beteiligungsrechte des Betriebsrats, in: Wirtschaft und Gesellschaft im Unterricht, 5, 1981, S. 176–179). Selbstverständlich fordern die subjektiven Kenntnisse eine Überprüfung durch Gesetzestexte heraus. Schülern der Sekundarstufe I kann aber nicht zugemutet werden, das Betriebsverfassungsgesetz im Original zu lesen. Sie erhalten statt dessen ein präpariertes Raster „Betriebsbereiche/Beteiligungsrechte", das dem Gesetzestext folgt. Die Zusammenstellung ist nach einer Idee von Max Körting et al., a.a.O., S. 36, erfolgt und richtet sich nach Einzelbestimmungen des Betriebsverfassungsgesetzes, dokumentiert in: Grundwissen Wirtschaftsgesetze, Stuttgart 1985, S. 229–244. Diese Phase stellt hohe Anforderungen an die Aufmerksamkeit des Lehrers, fungiert er doch als „Oberschiedsrichter" bei recht diffizilen Rechtsentscheidungen. Ging es bislang um betriebliche Mitbestimmung, so thematisieren die nächsten beiden Schritte die Teilnahme auf Unternehmensebene. Graphiken erleichtern den Überblick über die Partizipationsmodelle; eine Pro- und Contra-Diskussion um die Mitbestimmung nimmt die in den vorhergehenden Stunden erworbenen Kenntnisse auf, vertieft und erweitert sie.

Die abschließende Phase ändert die Blickrichtung: wenn bisher der einseitige Mitbestimmungsanspruch der Arbeitnehmer behandelt wurde, so stehen nun gemeinsame Interessen von Kapital und Arbeit im Vordergrund: nach neueren Ergebnissen sozialökonomischer Forschung bedingen sich Leistung und Mitbestimmung (nach: Charlotta Fidell / Michael von Klipstein / Peter Pawlowsky: Schöne neue Arbeitswelt?, in: Die Zeit Nr. 4 vom 9. 11. 1984, S. 43f., aus: Forschungsstelle Sozialökonomik der Arbeit, 1982). Die Schüler nehmen zu wichtigen Thesen aus diesen Untersuchungen Stellung.

Ganz anders der zweite Teil der Doppelstunde: die Jugendlichen können ihre Rolle im künftigen Arbeitsleben nur dann aktiv mitgestalten, wenn sie sich vorher aktiv mit Möglichkeiten ihrer Interessenvertretung auseinandergesetzt haben. Auf der Basis bestehender Gesetzesgrundlagen und eines institutionellen Rahmens vermittelt ihnen deshalb diese Stunde einen Impuls zur Handlungsaktivierung. Sie sollen soziales Verhalten herausbilden, ihre sprachliche Ausdrucksfähigkeit üben, „um an Interaktionsprozessen interessenorientiert teilzunehmen" (Bernhard Bock / Jürgen Kluge: Planspiel: Betriebliche Ausbildungsprobleme, in: arbeiten und lernen 10, 1980, S. 59–64, hier: S. 59). Dies geschieht im Rahmen eines Simulationsspiels, das die direkte Kommunikation sowie die Handlungs- und Entscheidungskompetenz fördert und damit Resignation und Anpassungserscheinungen reduziert. Es kann nicht angehen, die Arbeit einer Jugendvertretung mit 19 (!) Stationen zu verdeutlichen. Diesen langen Weg nimmt nämlich die Beschwerde eines Jugendlichen laut Betriebsverfassungsgesetz (Graphik der IG Metall, in: Adi Ostertag et el., a. a. O., S. 155). Demgegenüber reduziert ein Simulationsspiel diese komplexen Zusammenhänge in überschaubarer Weise, rafft die Inhalte zeitlich und erhöht die Schüleraktivität, da die Lernenden entweder Rollen oder Beobachtungsaufträge erhalten.

Der Begriff Simulationsspiel impliziert die Elemente „Spiel" und „Simulation", wobei die Dynamik den wichtigsten Stellenwert besitzt. Das geschieht dadurch, daß die Aktionen der Spielteilnehmer zum integrativen Bestandteil des Modells werden. Der Spielrahmen selber ist durch die Mitspieler, Spielleiter und die Spielregeln bestimmt, die den Verlauf und das Ergebnis mehr oder weniger vorstrukturieren. Auf andere Rückkopplungsmechanismen wie Spielbrett, Auswertungsformulare wird verzichtet, da sich das Spiel nicht auf mehrere Unterrichtsstunden erstreckt (zur Definition und Erweiterung der Idee des Simulationsspiels: Josef Broich in: arbeiten und lernen, 10, 1980, bes. S. 82, sowie der Vorschlag eines mehrstündigen Simulationsspiels von Wilfried Buddensiek: Interessenvertretung der Jugendlichen im Betrieb, S. 83–87 bzw. von Bernhard Bock / Jürgen Kluge, a. a. O., mit dem Spieltitel „Betriebliche Ausbildungsprobleme").

Für den Verlauf der Stunde ergibt sich: einleitend ist das zweifache Abhängigkeitsverhältnis der Jugendlichen sowohl vom Betriebsrat als auch von der Betriebsleitung zu klären. Eine Graphik aus Adi Ostertag et al., a. a. O., S. 155, veranschaulicht die relevantesten Zusamenhänge. Für den Lehrer sind einige gesetzliche Hintergründe nützlich, die das Schaubild nicht enthält: nicht volljährige Arbeitnehmer können in Betrieben mit mindestens fünf jugendlichen Beschäftigten eine Jugendvertretung wählen. Die Jugendvertretung nimmt an Betriebsratssitzungen mit beratender Stimme teil, wenn es sich beispielsweise um Berufsbildung handelt. Bei allen unmittelbar die Jugendlichen betreffenden Problemen ist ihr volles Stimmrecht zugestanden.

Das Simulationsspiel lehnt sich an einen Vorschlag an, der in einer Lernspielen gewidmeten Ausgabe von arbeiten und lernen (10, 1980) publiziert ist und den Titel: „Planspiel: Betriebliche Ausbildungsprobleme" trägt. In den Spielphasen erfolgt die Klärung der Ausgangssituation und die Artikulation der Interessen in den Mitbestimmungsgremien „Betriebsversammlung", „Betriebsrat" und „Einigungsstelle". Für den rechtlichen Rahmen sind der Spielleitung, die u. a. auch vom Lehrer besetzt ist, Auszüge aus dem Jugendarbeitsschutzgesetz beigegeben. Ihre Teilnehmer erfüllen die Funktion von Rechtsexperten. Die Bestimmungen aus dem Jugendarbeitsschutzgesetz sind kostenlos zu beziehen durch das Bundesministerium für Arbeit und Sozialordnung, Postfach 140280, 5300 Bonn 1 oder unter dem Titel „Bangemachen gilt nicht!" beim DGB, Postfach 2601, 4000 Düsseldorf 1.

Bei der Spieldurchführung sollte der Lehrer folgende Punkte beachten:
- Der Spielverlauf ist nicht vorhersagbar, sondern hängt von den jeweiligen Spieleraktionen ab.
- Häufige Eingriffe der Spielleitung sind zu vermeiden, weil der Spielfluß darunter leidet.
- Eine potentiell negative Identifikation mit der Rolle der Geschäftsleitung aufgrund der ungünstigen Spielsituation („der Chef hat es schwer") ist im Auswertungsgespräch bewußt zu machen.
- Der Spielleitung obliegt es, utopische Spielzüge, z.B. Enteignungen oder Entlassungen bzw. Aktionismus zu verhindern; eine ausführliche Lektüre des Rollenblattes vor der Stunde ist dafür unabdingbar.
- Die Konstituierung einer Jugendvertretung ist ein Nebenziel des Spiels.

Ziele der Doppelstunde

Die Schüler erkennen
- die Relevanz der Mitbestimmung auf wirtschaftlicher und Alltagsebene;
- individuelle, betriebliche und unternehmerische Ebenen der Mitbestimmung;
- Übereinstimmungen oder Diskrepanzen zwischen subjektivem Rechtsempfinden und objektiver Rechtslage;
- den gesetzlichen Rahmen zur Beilegung von Interessenkonflikten im Betrieb;
- den Geltungsbereich von Montanmitbestimmung und Mitbestimmungsgesetz von 1976;
- daß auch gemeinsame Interessen Entscheidungen im Betrieb bestimmen können;
- die Stellung der Jugendvertretung in den Mitbestimmungsgremien.

Die Schüler erarbeiten
- Fallbeispiele aus der Betriebspraxis im Hinblick auf eine Beteiligung der Arbeitnehmer;
- einen Katalog abgestufter Beteiligungsrechte in wirtschaftlichen, sozialen und personellen Angelegenheiten;
- Unterschiede von Montanmitbestimmung und Mitbestimmungsgesetz von 1976;
- Positionen von Arbeitgebern und Arbeitnehmern im Kampf um erweiterte Mitbestimmung;
- Ausbildungsprobleme von Jugendlichen in einem Simulationsspiel.

Die Schüler problematisieren
- Partizipation in verschiedenen Unternehmensformen;
- Parität und Scheinparität;
- Schwierigkeiten, die sich aus der Stellung von Aufsichtsratsvorsitzenden und leitenden Angestellten im Mitbestimmungsgesetz von 1976 ergeben;
- den Zusammenhang von Mitbestimmung und Leistung;

- die Durchsetzungsfähigkeit von Jugendlichen gegenüber dem Betriebsrat;
- den Interessenkonflikt von Betriebsratsmitgliedern (gutes Verhältnis zur Geschäftsleitung – konsequente Interessenvertretung aus Arbeitnehmersicht).

Schulbuchhinweise:
- Gemeinschaftskunde. Gymnasium. 10. Schuljahr. Schöningh, Paderborn 1985, S. 65–68 (Betriebliche Mitbestimmung) bzw. S. 69f. (Unternehmerische Mitbestimmung)
- Gemeinschaftskunde/Wirtschaftslehre Baden-Württemberg. Klasse 8 Hauptschule. Schrödel, Hannover 1980, S. 121–145 (Interessenvertretung und Mitbestimmung, u. a. Jugendarbeitsschutz, Betriebsrat, Jugendvertretung)
- dass.: Klasse 9 Hauptschule. Schrödel, Hannover 1985, S. 143–159 (Betriebsverfassungsgesetz sowie Betriebsrat und Jugendvertretung)
- Arbeitsteilung – Automation. Klasse 8 Baden-Württemberg. Schrödel, Hannover 1981, S. 47–55 (Schutz der Arbeitnehmer vor den Folgen von Arbeitsteilung und Automation – Fallbeispiel)
- P wie Politik. Klasse 9 Hauptschule. Schöningh, Paderborn 1985, S. 122–140 (Der Jugendliche in der Arbeitswelt, u. a. Jugendarbeitsschutzgesetz)
- Thema Politik A. 7.–10. Schuljahr. Klett, Stuttgart 1982, S. 91–93 (gut verwertbare Graphiken zur Mitbestimmung)
- arbeiten und wirtschaften. Teil Wirtschaftslehre 9/10. Klett, Stuttgart 1985, S. 26–39 (Mitbestimmung der Arbeitnehmer, u. a. Fälle für die Jugendvertretung, Möglichkeiten des Betriebsrats, Argumente zur Betriebsverfassung und Mitbestimmung, Mitbestimmungsgesetze, ein Unternehmer erweitert die Mitbestimmung, Firma ohne Chef)
- Gemeinschaftskunde 10. Gymnasium Baden-Württemberg. Schrödel, Hannover, 1984, S. 55–59 (Mitbestimmung im Betrieb, Mitbestimmung im Unternehmen)

Zusätzliche Literatur:
- DGB-Bundesvorstand (Hrsg.): Gewerkschaftliche Unterrichtshilfen Nr. 8: Jugendarbeitsschutz, Union, Frankfurt 1986
- Josef Broich: Arbeitsrecht; Rollenspiele für die Praxis in Schule, Sozialarbeit und Gewerkschaft. Päd. extra, Praxishilfe. Frankfurt 1985 (12 Fallbeispiele mit Informationen und Lösungen)
- Ingrid Schmiederer: Wirtschaftliche Mitbestimmung. EVA, Frankfurt 1985 (Unterrichtsmodelle für 7.–10. Schuljahr mit didaktisch-methodischer Aufbereitung)
- Mitbestimmung im Betrieb. Unterrichtsmaterialien zur Arbeits-, Wirtschafts- und Gesellschaftslehre. Level, Hannover ²1980
- WSI-Mitteilungen, 12, 1983: Mitbestimmung
- Jürgen Kochendörfer: Tarifkonflikt und Mitbestimmung. Klett, Stuttgart 1978 (Quellensammlung)
- Horst-Udo Niedenhoff: Interessenausgleich im Unternehmen – Praxis der betrieblichen Mitbestimmung; in: Wirtschafts- und gesellschaftspolitische Grundinformationen. Köln 1978
- Hartmut Meier: Der Fall „Max Meier". Jugendarbeitsschutz- und Berufsbildungsgesetz im Unterricht, in: arbeiten und lernen, 20, 1982, S. 30–32 (mit Arbeitsblatt)
- Bernd Henning: Zur Problematik des Einsatzes von Planspielen im Unterricht. Lang, Frankfurt 1980, S. 36f. sowie S. 86–89 (Robinson und Freitag – eine Fabel zur Mitbestimmung; Leitthesen der Interessensverbände, die am motivierenden Material überprüft werden können)

Film:

Das neue Betriebsverfassungsgesetz in der Praxis. 1974, 22 Minuten (Interviews mit Betriebsräten, Jugendvertretern, Gastarbeitern, Arbeitgebern und Gewerkschaftern; konkrete Betriebsbeispiele)

11. Stunde:
Unternehmensmitbestimmung

Weg zur Wirtschaftsdemokratie?

Verlaufsskizze

Unterrichtsschritt 1:
Mitbestimmen über den Ausbildungsweg – eine Familienkonferenz

Der Einstieg geschieht mit einem Rollenspiel „Mitbestimmen über den Ausbildungsweg". Die Situation und die Rollendefinitionen werden über Folie dargeboten (s. Vorschlag für eine Folie, S. 90), damit die Schüler sich bei Bedarf Orientierungshilfen ho-

Vorschlag für eine Folie
(11. Stunde, Unterrichtsschritt 1)

**Rollenspiel: Mitbestimmen über den Ausbildungsweg –
Eine Familiendiskussion**

Spielsituation

Eine vierköpfige Familie (Vater, Mutter, 17jährige Tochter, 15jähriger Sohn) diskutiert die Frage, ob der Sohn weiter an der Schule bleiben soll (er bringt regelmäßig schlechte Noten in den Sprachen nach Hause), oder ob er, wie er es will, eine Tischlerlehre aufnehmen soll (er arbeitet sehr gerne handwerklich).
Wie könnte das Gespräch ablaufen?

Rollenspiel

Mutter: möchte, daß ihr Sohn „was Anständiges" lernt, es mal besser hat; mit dem Abitur stünde man doch ganz anders da, hätte viel bessere Aussichten.

Vater: ist selber Meister in einer großen Fabrik, „Handwerk hat für ihn immer noch goldenen Boden", befürchtet jedoch, daß der Wunsch seines Sohnes sich, wie der Plan, auf die höhere Schule zu gehen, als Strohfeuer erweisen könnte, so daß er dann am Schluß ohne jegliche Ausbildung dastünde.

Tochter: hat selber noch keine konkreten Berufsvorstellungen, vertritt aber die Meinung, daß nur das Abitur die Chance böte, Berufe zu ergreifen, die finanziell attraktiv seien, so daß man sich dann „was leisten könne".

Sohn: leidet unter den ständigen Mißerfolgen in der Schule, möchte beweisen, daß er was leisten kann, und wirbt um Verständnis für seine Berufspläne.

(aus: arbeiten und lernen, 16, 1981, S. 39)

---

len. Eine vierköpfige „Familie" diskutiert über die Berufsentscheidung des Sohnes. Sie geht von einem gegebenen Konfliktfall aus („Tischlerlehre oder Abitur?"), definiert die Rollen von Mutter („es besser haben"), Vater („Handwerk hat immer noch goldenen Boden"), Tochter („sich etwas leisten können") und betroffenem Sohn („will Tischler werden"). Ziel ist es, verschiedene Interessen zu vertreten, Entscheidungsmechanismen, z. B. Koalitionsbildung, zu beobachten sowie Dissens oder Konsens in ihrer Entwicklung festzuhalten.

Der zeitliche Ablauf sollte auf ca. 10 Minuten befristet werden. Das Zeitlimit erlaubt Spontanäußerungen und die realistische Chance, die Schwierigkeiten demokratischer Partizipation zu erleben.
Nach Spielschluß leitet der Lehrer mit der Bemerkung zum Stundenthema über, daß auch in der Wirtschaft demokratische Beteiligung an Entscheidungsprozessen geregelt und praktisch erprobt werde.

Alternative:

Anstelle des Rollenspiels über Bildung und Ausbildungswege sind andere schülernahe Themen denkbar. Arbeiten und lernen, 16, 1981, schlägt Aufgabenkriterien für eine Klassensprecherwahl vor. Die Zuschreibung ja/weiß nicht/nein erfolgt in Partner- oder Gruppenarbeit; die Aufgaben eines Klassensprechers werden dann in eine Prioritätenliste gerückt; ein Arbeitsblatt ist ausgearbeitet.

Alternativ kann ein anderer Vorschlag aufgegriffen werden: einschränkende Spielregeln beim Kegeln und beim Arbeiten werden parallelisiert. Ziel ist eine Bewußtseinsbildung: den gewohnten demokratischen Umgang im Freizeitalltag auf das Arbeitsleben zu transferieren.

Unterrichtsschritt 2:
Betriebsbereiche und Beteiligungsrechte
der Arbeitnehmerorgane

Die Schüler erhalten Arbeitsblatt 11 A mit Fallbeispielen aus der betrieblichen Beteiligungspraxis. Sie entscheiden zuerst nach ihrem eigenen Rechtsempfinden, wo sie dem Betriebsrat gleichberechtigte Mitbestimmung einräumen. In einem zweiten Schritt (Arbeitsblatt 11 B) ordnen sie den sechzehn Fallentscheidungen die gesetzlichen Bestimmungen zu. Die vereinfachten und nach Betriebsbereichen und Beteiligungsrechten geordneten Stichwörter aus dem Betriebsverfassungsgesetz vom 15. 1. 1972 sind in einer Matrix erfaßt. Die endgültige Lösung der Fälle kann mit dieser Methode rasch erfolgen (s. Bearbeitungsfragen). Fallbeispiele und Beteiligungsrechte sollten getrennt vorgelegt werden.

Es bleibt dem Lehrer überlassen, ob er Partner- oder Einzelarbeit vorzieht.

Im Unterrichtsgespräch werden folgende Ergebnisse festgehalten:
Frage 1: 1, 2, 3, 5, 6, 7, 8, 14
Frage 2: (Fall) 1: (Betriebsbereich) B/(Beteiligungsrecht) 5; 2: C/4; 3: B/5; 4: B/1; 5: C/4; 6: D/5; 7: G/5; 8: C/4; 9: A/1; 10: B/1; 11: B/1; 12: A/2; 13: C/1 (evtl. auch A/5); 14: G/2; 15: C/1; 16: A/1.

Frage 3: Am wenigsten Mitbestimmung bei wirtschaftlichen und betriebswirtschaftlich-finanziellen Unternehmensentscheidungen, z. B. Bauten, Rationalisierungen, Personalplanung, Unternehmensform usw.
Mitwirkung bei personellen, Mitbestimmung bei sozialen Angelegenheiten.
Im Tafelbild (s. Stundenblatt) faßt der Lehrer die komplexen Sachverhalte zusammen und gibt Gelegenheit zum Nachfragen.
Die Darstellung der Arbeitnehmerorgane dient hier nur der Illustration: sie wird in der nächsten Stunde detaillierter aufgenommen.

Ergänzung:

Als Lernzielkontrolle sind neue Fälle und Beteiligungsrechte durchzuarbeiten. Die Vorlage dazu findet sich bei Hans Jürgen Fahn: Der Betriebsrat, in: Wirtschaft und Gesellschaft im Unterricht, 4, 1980, S. 137. Die Fragen lehnen sich an die des Unterrichtsschrittes 2 an, die Antworten sind im Unterrichtsbeispiel markiert.

Unterrichtsschritt 3:
In welchen Unternehmen wird mitbestimmt?

Die unternehmerische Mitbestimmung wird nun einer differenzierteren Betrachtung zugeführt. Aufgabe einer zweifachen Bildeingabe über Folie s. S. 92) ist es, verschiedene Paritätsbestimmungen in verschiedenen Unternehmensformen kennenzulernen und die wichtigsten Mitbestimmungsmodelle, die Montanmitbestimmung und das Mitbestimmungsgesetz von 1976, einer vergleichenden Betrachtung zu unterziehen.

Vor der Projektion der Folien „Mitbestimmung für Arbeitnehmer – wo, für wieviele, wie?" (Globus 3069) und „Zweimal Mitbestimmung – Montanmitbestimmung, Mitbestimmungsgesetz 1976" (Globus 3587) sind die Begriffe „Parität" (stimmengleiche Besetzung der Entscheidungsgremien), „Aufsichtsrat" (überwacht die Tätigkeit des Vorstands, der das Unternehmen leitet) und „Montanindustrie" (Stahl- und Bergwerksindustrie) zu klären.

Vorschlag für eine Folie
(11. Stunde, Unterrichtsschritt 3)

Mitbestimmung in Unternehmen – Realität und Modelle

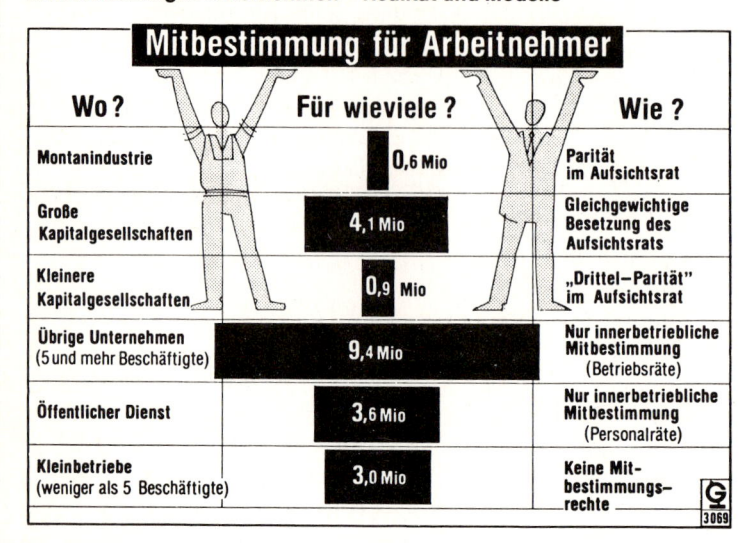

Mitbestimmung für Arbeitnehmer

Wo?	Für wieviele?	Wie?
Montanindustrie	0,6 Mio	Parität im Aufsichtsrat
Große Kapitalgesellschaften	4,1 Mio	Gleichgewichtige Besetzung des Aufsichtsrats
Kleinere Kapitalgesellschaften	0,9 Mio	„Drittel–Parität" im Aufsichtsrat
Übrige Unternehmen (5 und mehr Beschäftigte)	9,4 Mio	Nur innerbetriebliche Mitbestimmung (Betriebsräte)
Öffentlicher Dienst	3,6 Mio	Nur innerbetriebliche Mitbestimmung (Personalräte)
Kleinbetriebe (weniger als 5 Beschäftigte)	3,0 Mio	Keine Mitbestimmungsrechte

Auswertungsfrage:
In welchen Betrieben haben Arbeitnehmer die geringsten Mitbestimmungsrechte? Warum ist dies so?

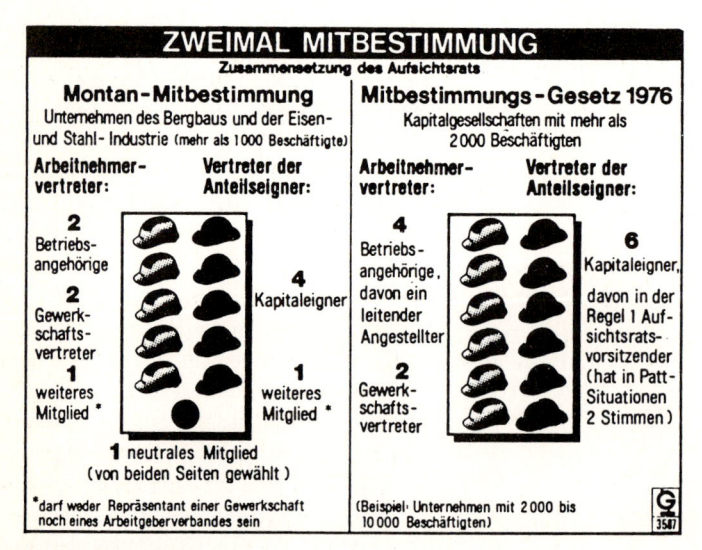

ZWEIMAL MITBESTIMMUNG
Zusammensetzung des Aufsichtsrats

Montan-Mitbestimmung
Unternehmen des Bergbaus und der Eisen- und Stahl-Industrie (mehr als 1000 Beschäftigte)

Arbeitnehmervertreter:
- 2 Betriebsangehörige
- 2 Gewerkschaftsvertreter
- 1 weiteres Mitglied*

Vertreter der Anteilseigner:
- 4 Kapitaleigner
- 1 weiteres Mitglied*

1 neutrales Mitglied (von beiden Seiten gewählt)

*darf weder Repräsentant einer Gewerkschaft noch eines Arbeitgeberverbandes sein

Mitbestimmungs-Gesetz 1976
Kapitalgesellschaften mit mehr als 2000 Beschäftigten

Arbeitnehmervertreter:
- 4 Betriebsangehörige, davon ein leitender Angestellter
- 2 Gewerkschaftsvertreter

Vertreter der Anteilseigner:
- 6 Kapitaleigner, davon in der Regel 1 Aufsichtsratsvorsitzender (hat in Patt-Situationen 2 Stimmen)

(Beispiel: Unternehmen mit 2000 bis 10000 Beschäftigten)

Auswertungsfrage:
Vergleicht die Regelungen des Montanmitbestimmungsgesetzes mit denen des Mitbestimmungsgesetzes von 1976. Worin bestehen Unterschiede?

Leitfrage für die erste Graphik:
- In welchen Betrieben haben Arbeitnehmer die geringsten Mitbestimmungsrechte? Warum ist dies so?

Antwort:
- Klein- und Mittelbetriebe (Organisationsgründe), Öffentlicher Dienst (meist Beamte, die staatliche Dienste erfüllen und der Loyalitätspflicht unterliegen).

Leitfrage zur zweiten Graphik:
- Vergleicht die Regelungen des Montanmitbestimmungsgesetzes mit denen des Mitbestimmungsgesetzes von 1976. Worin besteht der wichtigste Unterschied?

Antwort:
- Unterlegenheit der Arbeitnehmer im Mitbestimmungsgesetz von 1976 durch das Votum des leitenden Angestellten (aus Loyalitätsgründen eher auf Seiten der Anteilseigner) und in der Pattsituation durch Stimmverdoppelung des Aufsichtsratsvorsitzenden zu befürchten.
- In der Montan-Mitbestimmung herrscht Parität.

Anmerkung: Seit der Novellierung vom 21. 5. 1981 haben die Gewerkschaften nur noch ein Vorschlagsrecht gegenüber den benennenden Betriebsräten.

Auch in dieser Phase resümiert der Lehrer die wichtigsten Kategorien im Tafelbild. Die Darstellung eines Hauses erlaubt dabei eine grobe visuelle Stütze: der Lehrer kann damit verdeutlichen, zu welchem Anteil Entscheidungen in unterschiedlichen Betriebsbereichen und Unternehmensformen überwiegend von Arbeitgeberseite bestimmt oder auch von Arbeitnehmerseite mitbestimmt werden (s. diagonale Setzungen ins „Betriebshaus").

Unterrichtsschritt 4:
Pro und Contra Mitbestimmung

Die gegensätzlichen Interessen von Arbeitgebern und Arbeitnehmern kristallisieren sich um den Begriff „Wirtschaftsdemokratie". Arbeitgeber sind der Meinung, daß ein Betrieb nicht demokratisch zu führen ist, Betriebsräte und Gewerkschaftsvertreter betreiben eine Demokratisierung. Für beide Argumentationen werden verschiedene gesetzliche Grundlagen herangezogen.

Die Arbeitsgrundlage für die Schüler ist bewußt einfach gehalten; sie verzichtet auf Textauthentizität und ist als Vorlesetext geeignet (entnommen aus: arbeiten und wirtschaften, Teil Wirtschaftslehre 9/10, Klett, Stuttgart 1985, S. 36); bei schwächeren Klassengemeinschaften muß eine Textunterstützung erwogen werden.

Pro und Contra Mitbestimmung:

Arbeitgeber
Ein Unternehmer legt dar:
Mein Betrieb ist keine soziale Einrichtung. Ich muß alle Kosten niedrig halten, damit ich auf dem Markt konkurrenzfähig bleibe. Überhöhte Löhne bringen das Unternehmen in Gefahr. Es muß möglichst hohe Gewinne erzielen, um notwendige Investitionen durchführen zu können. Ein verantwortungsbewußter Unternehmer muß rationalisieren. Die neue Technik bringt manche Erleichterung für die Arbeitnehmer. Dabei ist es manchmal nicht zu vermeiden, daß Arbeitskräfte freigesetzt werden. Die Entscheidungen müssen sachkundig und schnell getroffen werden. Ich trage allein das Risiko für den Betrieb, deshalb muß ich auch die endgültige Entscheidung treffen können.

Im **Bürgerlichen Gesetzbuch** (BGB) heißt es im § 903:
Der Eigentümer einer Sache kann, soweit nicht das Gesetz oder Rechte Dritter entgegenstehen, mit der Sache nach Belieben verfahren und andere von jeder Einwirkung ausschließen.

Arbeitnehmer
Die Arbeitnehmer setzen dagegen:
Jeder arbeitsfähige Mensch muß ein Recht auf Arbeit haben. Von seinem Verdienst muß er mit seiner Familie ohne Schwierigkeiten leben können. Die Arbeitsplätze müssen so gestaltet sein, daß sie den Arbeitnehmer nicht einseitig belasten oder gar gesundheitlich schädigen. Die Arbeit soll Eigeninitiative und Verantwortung ermöglichen. Gewinne sind ohne die Leistung der Arbeitnehmer nicht zu erzielen. Sie müssen daran beteiligt werden. Wichtige Entscheidungen im Betrieb betreffen die Existenz aller Beschäftigten. Die Arbeitnehmer müssen deshalb bei der Wahl der Produkte, bei Produktionsveränderungen, bei der Gestaltung der Arbeitsplätze sowie bei Einstellungen, Entlassungen und Fragen des Lohnes wirksam mitbestimmen können.

Im **Grundgesetz** (GG) der Bundesrepublik Deutschland steht im Artikel 14 Absatz 2: Eigentum verpflichtet. Sein Gebrauch soll zugleich dem Wohle der Allgemeinheit dienen.
Der Artikel 20 Absatz 1 lautet:
Die Bundesrepublik Deutschland ist ein demokratischer und sozialer Rechtsstaat.

In einem unstrukturierten Unterrichtsgespräch sind die Schüler zur Stellungnahme aufgefordert. Zur Aufschließung eignen sich insbesondere zwei Fragen:
1. Welcher Meinung schließt du dich an?
2. Was findest du bei der abgelehnten Position schlecht?
Fakultativ können die wichtigsten Argumente im Tafelbild festgehalten werden.

Ergänzung:
Eine umfangreichere und anspruchsvollere Beschäftigung mit dem Pro und Contra zur Mitbestimmung erlaubt eine Zusammenstellung in: Gewerkschaftliche Unterrichtshilfen Nr. 5, a.a.O., S. 66, nach: Informationen zur politischen Bildung Nr. 175, a.a.O., S. 21ff. Wirtschaftliche, sozialpolitische und gesellschaftspolitische Argumente werden jeweils gegenübergestellt.
Stichworte pro:
Mitbestimmung engt unternehmerische Freiheit nicht ein, Manager sind vom Aufsichtsrat abhängig, bessere Auswahl für leitende Positionen; Schutz gegen Unternehmerwillkür, Integration der Arbeitnehmer in die Gesellschaft, fördert individuelles Verantwortungsbewußtsein; Machtkontrolle von Großunternehmen, konkretisiert Sozialbindung des Eigentums, Gewerkschaftsvertreter sind dem demokratischen Rechtsstaat verpflichtet.
Stichworte contra:
Schränkt unternehmerische Freiheit ein, Bürokratisierung, erschwerter Entscheidungsprozeß, verminderte Leistungsfähigkeit; scharfer Wettbewerb und Sozialgesetzgebung schützen genügend vor Unternehmerwillkür; Verbraucher, öffentliche Meinung und Kartellgesetz beugen Machtmißbrauch vor, Mitbestimmung unterwandert Recht auf Privateigentum, Gewerkschaften repräsentieren nur ca. die Hälfte der Beschäftigten.

Unterrichtsschritt 5:
Mitbestimmung und Leistung

Im letzten Unterrichtsschritt bewegen wir uns weg von den machtpolitisch determinierten Spiegeln, die sich die Wirtschaftsverbände gegenseitig vorhalten, wenn es um Mitbestimmung geht. Eine andere Ebene ist erreicht, wenn die Arbeitsqualität ins Blickfeld gerät.
Als Diskussionsgrundlage erhalten die Schüler per Tafelanschrieb Thesen aus wissenschaftlichen und demoskopischen Analysen, zu denen sie frei Stellung nehmen (nach: Charlotte Flodell et al., a.a.O., S. 43f.):
1. Selbstbestimmung, Mitwirkung und menschliche Kontakte werden heutzutage einer sachzwanghaften Kommandowirtschaft untergeordnet.
2. Arbeitnehmer sind mit der Qualität von Arbeitsplätzen unzufrieden, Arbeitgeber mit dem Leistungsverhalten der Arbeitnehmer.
3. Fleiß, Pflicht und Gehorsam sind weniger wichtig im Arbeitsleben als Flexibilität, Ideenreichtum und guter Umgang mit Menschen.

4. Wer mitbestimmen kann, ist weniger krank und leistungsfähiger.

Voraussichtlich ergibt sich eine kontroverse Diskussion, die unter Berücksichtigung vorausgegangener Unterrichtsinhalte neu erworbene Kenntnisse festigt und neue Mosaiksteine zur Identitätsbildung liefert.

Hausaufgabe:

Für die nächste Stunde werden „Rechtsexperten" für ein Simulationsspiel „Ausbildungsprobleme" gesucht.
Drei bis fünf Schüler studieren dazu intensiv das dafür vorgesehene Rollenblatt „Spielleitung" (s. S. 97). Die übrigen bearbeiten die Fragen zur Graphik aus dem Unterrichtsschritt 1.

12. Stunde:
Betriebliche Mitbestimmung

Worauf haben Jugendliche Einfluß?

Kein Stundenblatt

Vorbemerkungen s. S. 83 ff.

Verlaufsskizze

Unterrichtsschritt 1:
Jugendliche und Mitbestimmungsorgane

Die einleitende Unterrichtsphase wird dazu benützt, das in der vorhergehenden Stunde erworbene Wissen zu wiederholen und zu festigen sowie die Stellung der „Jugendvertretung" im System betrieblicher Mitbestimmung zu klären.
Vorgehen:
– Die Schüler erhalten die Aufforderung: Erinnert euch an Beispiele zu unternehmerischen, betrieblichen und personellen Mitbestimmungsrechten.

– Mögliche Antworten:
  Unternehmerisch: bei Investitionen, Gewinnverteilung usw.
  Personell: zur Einsicht in die Personalakte, bei Versetzungen usw.
– Der Lehrer kündigt daraufhin an, daß die Klasse in dieser Stunde einmal selber betriebliche Mitbestimmungsprozesse spielend erfahren könne. Eine „Spielleitung" habe schon einschlägige Rechtsfragen studiert; vor Spielbeginn seien aber noch zwei Informationen nötig, um das Spiel realitätsgerecht durchführen zu können:
  1. Betriebsrat und Arbeitgeber entscheiden gemeinsam im Betrieb; werden sie sich nicht einig, wird die Einigungsstelle angerufen, die paritätisch besetzt ist; findet auch dort keine Einigung statt, entscheidet der neutrale Vorsitzende.
  2. In der Jugendvertretung finden Probleme der unter 18jährigen Arbeitnehmer Gehör; sie wird gewählt und kann auf Antrag an Sitzungen des Betriebsrats teilnehmen, allerdings nur mit beratender Stimme. Bei Abstimmungen sind die Jugendvertreter im Betriebsrat nicht stimmberechtigt.
– Der Lehrer formuliert dann die Überleitung zum Stundenthema: Worauf haben Jugendliche im Betrieb Einfluß?

Unterrichtsschritt 2:
Simulationsspiel: Jugendliche mit Ausbildungsproblemen

Die Spielleitung (Lehrer und/oder Schüler) gibt zum Spielbeginn die Ausgangssituation ein, um Aktivitäten der Spielgruppen zu initiieren. Ein (fingierter) Zeitungsbericht wird laut vorgelesen:

Lehrling geohrfeigt?
In der Firma Videopoly GmbH mit derzeit 45 Beschäftigten scheint es unter den Azubis zu gären. Ob gewisse politische Gruppierungen ihre Hände im Spiel haben? Im Laufe

der Auseinandersetzungen sind einem Meister die Nerven durchgegangen; aus dem Kreis der Lehrlinge erfahren wir, daß er einer weiblichen Auszubildenden ihre nachlässige, aber modebewußte Kleidung in einer Personalbeurteilung vorwarf. Ein männlicher Lehrling bemerkte dazu, daß er dazu kein Recht habe, worauf der Meister ihm eine Ohrfeige verabreichte. Auf der anstehenden Betriebsversammlung wird sich unser Lokalredakteur bemühen, Näheres in Erfahrung zu bringen.

Die Schüler erhalten dann die Spielregeln (Folie, s. unten) und das Arbeitsblatt 12 mit den Rollenbeschreibungen, verteilen die Rollen, bilden den Innenkreis der Spieler und den Außenkreis der Beobachter und gestalten die drei Spielphasen. (s. Verlaufskonzept in den Vorbemerkungen).

Folgende Materialien stehen zur Verfügung:
– Rollenblatt „Spielleitung/Rechtsexperten" (s. S. 97); wurde in der vorhergehenden Stunde zur häuslichen Vorbereitung an die Mitglieder der „Spielleitung" ausgeteilt.
– 3 Rollenbeschreibungen „Geschäftsleiter/Personalchef", „Betriebsrat" und „Auszubildende" (s. Kopiervorlage).
– Spielregeln (s. unten).

Vorschlag für eine Folie
(12. Stunde, Unterrichtsschritt 2)

Spielregeln

1. Der Spielleitung wird erlaubt, den Spielverlauf zu unterbrechen, um Rechtsstandpunkte darzulegen oder neue Impulse zu geben. Ihnen stehen dazu Auszüge aus dem Jugendarbeitsschutzgesetz zur Verfügung. Die Teilnehmer können gegen Entscheidungen der Spielleitung Protest einlegen. Kommt es zu keinem Kompromiß, gilt die Mehrheitsmeinung der ganzen Klasse. Die Spielleitung greift nicht in Handlungen und Reaktionen der teilnehmenden Gruppen ein.

2. Vor Spielbeginn legen die Teilnehmer(innen) der Gruppen „Geschäftsleitung", Betriebsrat" und „Auszubildende" in 5minütigen Besprechungen ihre Strategie und Taktiken fest. Beim Spielen sind aber spontane Reaktionen und Abweichungen möglich.

3. Direkte, spielbezogene Kontakte zwischen den Gruppen sind auch während der Spielphasen zu vermeiden.

4. Das Spiel besteht aus 3 Phasen (zu je 10 Minuten)
– einer Betriebsversammlung mit einer Rede des Personalchefs und Reaktionen der erwachsenen und jugendlichen Beschäftigten („Betriebsrat" und „Auszubildende");
– einer Betriebsratssitzung mit den 5 Auszubildenden;
– einem Spitzengespräch zwischen dem Geschäftsleiter, der Betriebsratsvorsitzenden und einem neutralen Mitglied (aus der Spielleitung) in der Einigungsstelle.

5. Die jeweiligen Spielteilnehmer setzen sich in einen Innenkreis, der Rest der Klasse beobachtet und gibt bei Spielende einen Auswertungskommentar.

Vorschlag für eine Folie/Hektographie
(12. Stunde, Unterrichtsschritt 2, Rollenblatt „Spielleitung / Rechtsexperten")

Bestimmungen des Jugendarbeitsschutzgesetzes (Auszüge)

Der Jugendliche darf weder vom Vorgesetzten noch von seinen Kollegen geschlagen, beleidigt oder schikaniert werden (§ 31).

•

Jugendliche dürfen nicht mit Arbeiten beschäftigt werden,
– die ihre Leistungsfähigkeit übersteigen
– die mit erhöhter Unfallgefahr verbunden sind
– die die Gesundheit durch außergewöhnliche Hitze, Kälte oder Nässe gefährden (z. B. Gießerei)
– bei denen sie schädliche Einwirkungen von Lärm, Erschütterungen, Strahlen, giftigen, ätzenden oder reizenden Stoffen ausgesetzt sind (§ 22).

•

In Betrieben und Verwaltungen, in denen in der Regel fünf Jugendliche beschäftigt werden, sind Jugendvertretungen zu wählen. (§ 60 Betriebsverfassungsgesetz, § 57 Bundespersonalvertretungsgesetz.)

•

Jugendliche dürfen nicht im Akkord oder am Fließband arbeiten. Einschränkungen:
a) Die Mitarbeit von Auszubildenden in einer Gruppe von Erwachsenen, die mit Akkordarbeiten beschäftigt ist, ist nur dann zulässig, wenn sie zur Erreichung des Ausbildungszieles notwendig ist. Der Unternehmer muß dies nachweisen. Der Jugendliche selbst darf aber auf keinen Fall dem erhöhten Arbeitstempo unterworfen werden.
b) Ausgelernte Jugendliche können in Gruppen Erwachsener mitarbeiten, die mit Akkord oder Fließbandarbeit beschäftigt sind. Auch sie dürfen aber dem erhöhten Arbeitstempo nicht unterworfen werden. Der Schutz der Jugendlichen muß in beiden Fällen durch die Aufsicht eines Fachkundigen gewährleistet sein. Jungarbeiter und -angestellte dürfen in keinem Fall im Akkord und mit Fließbandarbeit beschäftigt werden (§ 23).

•

Ein Jugendlicher darf nur beschäftigt werden, wenn er eine Bescheinigung über eine ärztliche Untersuchung innerhalb der letzten vierzehn Monate vorlegen kann (§ 32).
Ein Jahr nach dem Beginn der ersten Beschäftigung muß der Jugendliche nachuntersucht werden und dem Unternehmer eine entsprechende ärztliche Bescheinigung vorlegen. – Der Unternehmer ist verpflichtet, den Jugendlichen nachdrücklich auf die notwendige Untersuchung hinzuweisen (§ 33). – Nach Ablauf jedes weiteren Jahres kann sich der Jugendliche noch einmal nachuntersuchen lassen (§ 34). – Der Unternehmer muß den Jugendlichen ohne Verdienstausfall für die ärztliche Untersuchung freistellen (§ 43). Die Untersuchungen sind kostenlos (§ 44).
Ruhepausen sind nur Arbeitsunterbrechungen von mindestens 15 Minuten Dauer. Mindestdauer der Pausen: 30 Minuten bei der Arbeitszeit von mehr als 4½ bis zu 6 Stunden. 60 Minuten bei einer Arbeitszeit von mehr als 6 Stunden. Kein Jugendlicher darf länger als 4½ Stunden ohne Pause beschäftigt werden (§ 11).
Sind mindestens 3 Jugendliche im Betrieb beschäftigt, muß die Geschäftsleitung die regelmäßigen täglichen Arbeits- und Pausenzeiten am Schwarzen Brett aushängen (§ 48).

•

Jedem Jugendlichen stehen mindestens an Urlaub zu: 30 Werktage für noch nicht Sechzehnjährige. 27 Werktage für Sechzehnjährige. 25 Werktage für Siebzehnjährige, im Bergbau 3 Tage mehr. Die Urlaubsbestimmungen sind Mindestbestimmungen. Sind tarifvertraglich bessere Rechte durchgesetzt, gelten diese Vereinbarungen. Der Urlaub soll den Berufsschülern in der Ferienzeit gegeben werden. Ist dies in Ausnahmefällen nicht möglich, muß der Unternehmer pro Berufsschultag 1 zusätzlichen Urlaubstag geben (§ 19). Darüber informieren Jugendvertretung und Gewerkschaft.

§ 58 Bußgeld- und Strafvorschriften
(1) Ordnungswidrig handelt, wer als Arbeitgeber vorsätzlich oder fahrlässig [...]
5. entgegen § 8 einen Jugendlichen über die zulässige Dauer der Arbeitszeit hinaus beschäftigt. [...]
(4) Die Ordnungswidrigkeit kann mit einer Geldbuße bis zu zwanzigtausend Deutsche Mark geahndet werden.
(5) Wer vorsätzlich eine in Absatz 1, 2 oder 3 bezeichnete Handlung begeht und dadurch ein Kind, einen Jugendlichen oder [...] eine Person, die noch nicht 21 Jahre alt ist, in ihrer Gesundheit oder Arbeitskraft gefährdet, wird mit Freiheitsstrafe bis zu einem Jahr oder mit Geldstrafe bestraft.

•

Jugendliche dürfen nur an 5 Tagen in der Woche beschäftigt werden (§ 15). An Samstagen darf nicht gearbeitet werden. D. h.: Wenn von montags bis freitags gearbeitet wurde, ist der Samstag frei. Ausnahmen: u. a. Krankenhäuser, offene Verkaufsstellen wie Bäckereien, Metzgereien, Friseurhandwerk, Läden, KFZ-Reparaturwerkstätten. Die 5-Tage-Woche ist durch Freistellung an einem anderen berufsschulfreien Tag der Woche sicherzustellen (§ 16).

Unterrichtsschritt 3:
Auswertungsgespräch

Leitfragen:
1. Wie habt ihr das Spiel erlebt?
2. Gab es entscheidende Szenen im Spielverlauf?
3. Entsprach das Spielmodell der Wirklichkeit?
4. Wie können die Interessen der Jugendlichen am besten vertreten werden?

Antworten und Lösungen werden in einem offenen Unterrichtsgespräch gefunden; sie ergeben sich aus dem Spielverlauf, der auf dem Hintergrund einer realitätsgerechten Interessenvertretung bewertet wird.

Alternative 1:

Eine ebenso anschauliche, aber weit passivere Lernmethode ist der Filmeinsatz zum Gegenstand „Jugendvertretung". Der FWU-Titel „Ich bin Jugendvertreter" (Nr. 323066) ist 1979 gedreht worden und dauert 21 Minuten. Er zeigt die Zusammenarbeit von Jugendvertretung und Betriebsrat sowie Aufgaben, Praxis, Erfolge und Belastungen einer Jugendvertreterarbeit.

Inhaltsangabe:
Drei Jugendvertreter von 80 Azubis in Werkstatt und Büro einer metallverarbeitenden Fabrik in Hannover diskutieren vor neuen Azubis mit der Geschäftsleitung über zurückliegende Massenentlassungen. Der Betriebsratsvorsitzende problematisiert die gültigen Mitbestimmungsgesetze.
Die Jugendvertreter beschreiben ihre Arbeit und deren Probleme; auf einer Versammlung steht in Anwesenheit eines Vertreters der Geschäftsleitung die Übernahme nach der Ausbildung zur Debatte.

Leitfragen:
1. Was erfahrt ihr über den Betrieb? (Filmteile 1 und 2)
2. Die Massenentlassungen werden von Geschäftsleitung und Arbeitnehmervertretern verschieden beurteilt. Nehmt Stellung dazu. (Filmteile 3 und 4)
3. Welche Rechte des Betriebsrats werden genannt? (Filmteil 4)
4. Welche Aufgaben kommen auf einen Jugendvertreter zu? (Filmteil 5)
5. Wie findet ihr das Verhältnis von Jugendvertretung und Betriebsrat? Was könnten sie für Horst tun? (Filmteil 6)
6. Würdet ihr auch als Jugendvertreter kandidieren?

Der Film kann in die Teile 1 und 2, 3 und 4 (evtl. 1–4 zusammen) sowie 5 und 6 untergliedert werden. Die Antworten ergeben sich aus stichwortartigen Aufschrieben während der Filmvorführung und Erinnerungen der Schüler. Insbesonders die letzte Frage erlaubt eine Verallgemeinerung jugendlicher Mitbestimmung.

Alternative 2:

Eine gute Alternative zu in der Klasse eventuell vorhandenen Hemmungen beim Spiel und zur rezeptiven Haltung beim Film ist eine Collage/Wandzeitung. Sie eignet sich gut für Klassen mit mangelnder sprachlicher Ausdrucksfähigkeit und motiviert besonders Schüler, die mit künstlerischen Ausdrucksformen umgehen können.

Als Impulse seien zwei Varianten vorgeschlagen:
a) Die Schüler nehmen sich die Mitbestimmungsbereiche Arbeitsplatz, Betrieb, Unternehmen und Gesamtwirtschaft vor. Zu jeder Ebene produzieren bzw. reproduzieren sie Wissen und Einstellungen. Zum einen findet die gegenwärtige Situation Berücksichtigung, zum andern machen sie zu jedem Bereich Lösungsvorschläge bzw. stellen Forderungen auf. Am wenigsten Arbeitsaufwand benötigen sie, wenn sie auf ihre eigenen kreativen Fähigkeiten vertrauen; gegebenenfalls kann unter Anleitung des Lehrers auch die Schulbibliothek herangezogen werden.
b) Die Schüler bedienen sich aus einer „Vorurteils-Kiste" des DGB zur Mitbestimmung (zu entnehmen aus: info intern Mitbestimmung, Düsseldorf, o. J., S. 15 ff.) und setzen sie bzw. ihre Gegenargumente je nach Standpunkt graphisch um. Dort erwähnte Gegensatzpaare:
– Mitbestimmung bringt noch mehr Funktionäre – Wissen und Erfahrung sind wichtig;
– Die „da oben" entscheiden so, wie sie wollen – eigene Aktivität kann viel verändern;
– Wenn du über den Arbeitsplatz mitbestimmst, hat das Unternehmen vielleicht schon beschlossen, diesen abzuschaffen – Montanmitbestimmung auf alle Industriezweige erweitern;
– Unternehmerrisiko – Folgen tragen alle;
– Im Leben trägt jeder sein eigenes Risiko – es gibt immerhin Arbeitslosengeld und Sozialpläne;
– Mitbestimmung schafft keine Arbeitslosen weg – Die Krise gemeinsam bewältigen;
– Neue Heimat war mitbestimmt – Fehler kommen immer vor.

Keine Hausaufgabe

13. Stunde (Exkurs): Betriebserkundung/Betriebspraktikum

Kein Stundenblatt

Betriebserkundung bzw. Betriebspraktikum bieten „Realerfahrungen in Grundsituationen des Wirtschafts-, Arbeits- und Berufslebens und stellen so Wechselbeziehungen zwischen Theorie und Praxis in Schule und Betrieb her". (Rainer Starke: Die Betriebserkundung am Gymnasium, in: Gymnasium in Niedersachsen 33, H. 3, 1985, S. 205–210) Das Augenmerk gilt sowohl berufskundlichen als auch fachlichen Zusammenhängen. Die reale Anschauung wirkt motivierend und klärt abstraktes Wissen über den situativen Zusammenhang, der Betroffenheit schafft und zu Detailfragen anregt. Dies gilt gleichermaßen für funktionale wie auch für soziale Aspekte betriebs- und volkswirtschaftlicher Problemstellungen; nichtsdestoweniger wurden dem Prinzip des „handelnden Lernens" im Betrieb bis Ende der 70er Jahre Vorbehalte entgegengebracht; die Unternehmerseite fürchtete die Ideologiekritik gewerkschaftsorientierter Lehrer, die Gewerkschaft ihrerseits Arbeitgeberapologien; dazu der frühere GEW-Vorsitzende Erich Frister: „Allgemeinbildung ist berufliche Bildung für die Herrschenden. Berufliche Bildung ist Allgemeinbildung für die Beherrschten" (nach Süddeutsche Zeitung Nr. 194 vom 25. 8. 1985, S. 25).

Inzwischen hat sich der Wind gedreht: Unternehmer befürworten Betriebspraktika, um einerseits die Lehrstellenabbrüche zu reduzieren und andererseits die geringen Schulabgänger der 90er Jahre (es wird ein Rückgang um ca. 50% gegenüber den 70er Jahren prognostiziert) zu gewinnen. Auf gewerkschaftlicher Seite ist man an einer stärkeren Koppelung von Theorie und Praxis interessiert. Gründe: Desinteresse vieler Jugendlicher an der Gewerkschaftsarbeit, Heranführung der Schüler an die Arbeitswelt.

Über die Verbände hinweg bauen Betriebserkundung und Betriebspraktikum sicherlich Spannungen zwischen Bildungs- und Beschäftigungssystem ab und tragen zu größerem gegenseitigem Verständnis bei.

Angesichts der sich zum Positiven hin entwickelnden Einstellung zum Betriebspraktikum bzw. zur Betriebserkundung muß es provokant erscheinen, wenn ein in Theorie und Praxis erfahrener Fachkollege die Praktika als „pädagogische Illusion" bezeichnet (Claus Sobott: Arbeitswelt und Schülerbetriebspraktikum – Zwischenruf zu einer pädagogischen Illusion, in: arbeiten und lernen 44, 1986, S. 2–6).

Aus eigenen Erfahrungen mit dieser Form außerunterrichtlicher Veranstaltung ergeben sich Zustimmung und Modifikation zu dieser These.

Es ist sicher richtig, daß
– Änderungen des Berufswunsches nicht primär über Praktika erfolgen;
– das Erziehungsmilieu des Betriebs ohne theoretisches Rüstzeug als einseitiger Anpassungsdruck auf Schüler wirken kann;
– Mitarbeiter- und Kundenkinder viel eher als Praktikanten Aussicht auf einen späteren Arbeitsplatz erhalten (a.a.O., S. 3f.).

Aber:
– über Betriebspraktika stehen Berufswünsche auf einer realistischeren Grundlage; dies gilt insbesonders für Real- und Gymnasialschüler;
– je nach Unterrichtssituation dürfte es sich verstehen, daß eine schulische Vor- oder Nachbereitung stattfindet;
– zur Stellensituation ist zu sagen, daß bis Ende der 80er Jahre nach Hochrechnungen die betriebliche Nachfrage einem geringeren Angebot gegenübersteht und viele Firmen dann wieder Auszubildende suchen.

Selbst wenn der Lehrer seinen Schülern die

Illusion nimmt, mit dem Praktikum auch einen sicheren Arbeitsplatz zu erhalten, so bleibt doch das didaktische Ziel einer Orientierung zwischen „ökonomisch-technischen Erfordernissen und interessenbezogener Einflußnahme" (a.a.O., S. 5f.).

In diesem Rahmen ergeben sich Lernziele, die eine Autorengruppe zusammenstellte, welche die bislang detailliertesten didaktisch-empirischen Untersuchungen zum Betriebspraktikum durchführte: Jürgen Feldhoff / Karl Otto / Jürgen Simoleit / Claus Sobott: Projekt Betriebspraktikum. Berufsorientierung im Problemzusammenhang von Rationalisierung und Humanisierung der Arbeit. Mit 5 Schülerheften. Schwann, Düsseldorf 1985, S. 52:

„daß die Schüler
– den Realitätsgehalt ihrer Erwartungen an die Berufsausbildung und Berufstätigkeit kritisch überprüfen können,
– Kriterien zur Beurteilung von Ausbildungsberufen und Ausbildungsstellen erarbeiten,
– eine begrifflich geordnete Vorstellung von Interessenstrukturen und Handlungsmöglichkeiten in Arbeitssituationen gewinnen,
– ein Problembewußtsein entwickeln, das ihnen hilft, gegenüber ökonomischen Zwängen und technisch-funktionalen Anforderungen ihre Interessen zur Geltung zu bringen."

Wissen, sinnliche Erfahrung und theoretische Reflexion wirken hier zusammen in einer didaktischen Einheit von Vorbereitung, Durchführung und Nachbereitung.

Wird dies geleistet, so können die durchweg positiv geschilderten Erlebnisse von Schülern bei Betriebspraktika zu identitätsstiftenden Elementen integriert werden. In Erfahrungsberichten wird immer wieder die Abwechslung vom Schulalltag positiv hervorgehoben; Lehrern fällt häufig ein Motivationsschub nach den Praktika auf. Dabei sind es gar nicht einmal die so oft beschworenen und selten eingelösten Erwartungen an das Betriebspraktikum – Sobotts „pädagogische Illusionen" Ausildungsplatz, Betriebsrealität und Berufswahlveränderung –, die ins Gewicht fallen, sondern die selbstbestimmten Aktivitäten (Sinnstiftung durch Praxis) und die Anerkennung als „Quasi-Erwachsener", die einen Lernzuwachs bedeuten.

Wenn man sich diesen „heimlichen Lehrplan der Praktika" zunutze macht, können die Schüler die Anforderungen des Arbeitsplatzes und ihre individuelle Interessenlage immer neu überprüfen. Erlebtes kann so in Vor- und Nachbereitung verarbeitet werden.

Soll bereits Gelerntes veranschaulicht werden, ist vom Lehrer die Betriebserkundung/ das Betriebspraktikum ans Ende des Blocks B (oder C) zu legen; steht die Berufsorientierung im Vordergrund, ist die zweite Hälfte des 9. Schuljahres der günstigste Zeitpunkt (s. Stunde „Berufsorientierung").

Vorbereitung, Durchführung und Nachbereitung können den Zweck einer grundlegenden Berufsorientierung erfüllen, wenn Mindestanforderungen eines Organisationsablaufs und eines Fragebogens vor Ort erfüllt sind. Zu beiden gibt es nach den Schulbuch- und Literaturhinweisen Vorschläge.

Schulbuchhinweise:
– P wie Politik. 8. Schuljahr Hauptschule Baden-Württemberg. Schöningh, Paderborn 1985, S. 113–135 (Berufswahlunterricht nach dem baden-württembergischen Modell „Orientierung in Berufsfeldern")
– Gerhard Granacher u. a.: Arbeitsteilung – Automation. Klasse 8 Baden-Württemberg. Schrödel, Hannover 1981, S. 45f. (Vorbereitung einer Betriebserkundung)

Zusätzliche Literatur:
– Volker Göbel: Heraus aus der Schule zum Lernen: das Praktikum, in: Lehrer Journal 4, 1986, S. 173–176 (für Hauptschulen)
– Ann Böse / Dieter Schoof: Nachbereitung des Betriebspraktikums, in: arbeiten und lernen,

10–10a, 1980, S. 70–72 (auch zur Erprobung von Pro- und Contra-Debatten)
- Peter Collingro u. a.: Wie überprüft man die Qualität eines Ausbildungsplatzes? in: arbeiten und lernen, 27, 1983, S. 22–24 (mit praxisrelevantem Fragebogen)
- Hans Jürgen Fahn: Betriebspraktikum in der gymnasialen Oberstufe, in: Wirtschaft und Gesellschaft im Unterricht, 3, 1983, S. 97–100 (u. a. Programm für eine eintägige Betriebserkundung)
- Wolfgang Klafki: Buchbesprechung: Jürgen Feldhoff u. a.: Projekt Betriebspraktikum. Schwann, Düsseldorf 1985, in: arbeiten und lernen 44, 1986, S. 52 f.

Möglicher Organisationsablauf eines Berufspraktikums
(Hinweise für Lehrer)

I Vorbereitung von Schülern, Eltern und Betrieben

- *Elternbrief:* Orientierungsfunktion des Praktikums; Vor- und Nachbearbeitung im Unterricht; bevorstehende Zuteilung eines Praktikumsplatzes; Schule und Betrieb im Krankheitsfall benachrichtigen; Versicherungsschutz; kein Entgelt; Regelungen über Fahrtkosten;

Vorschlag für eine Hektographie (13. Stunde)

Form und Inhalt des Praktikumsberichts

I **Tagesberichte:** Lege für jeden Praktikumstag eine Seite in einem DIN-A 4-Heft an; berichte stichwortartig, was Du an diesem Tag alles gemacht hast; ergänze Deine Tagesberichte ggf. durch Skizzen, Abbildungen, Prospekte usw.

II **Gesamtauswertung:** Bearbeite nach Abschluß des Praktikums die nachfolgenden Leitfragen zu Deinem Betriebspraktikum:
  1. In welchem Beruf hast Du praktiziert?
  2. Welche Berufe gibt es noch in Deinem Praktikumsbetrieb?
  3. Wieviel Beschäftigte hat der Betrieb?
  4. Zu welcher Branche gehört der Betrieb?
  5. Was wird produziert (Produkte und/oder Dienstleistungen)?
  6. Berichte über die Betriebsorganisation, z. B. Pausenregelungen, Arbeitszeit, Gleitzeit/Kernzeit/Präsenzzeit, Urlaub usw.
  7. Beschreibe Deinen Arbeitsplatz.
  8. Berichte über berufstypische Tätigkeiten, Materialien, Werkzeuge und Maschinen.
  9. Welche besonderen Anforderungen (geistige, körperliche, soziale) werden in Deinem Praktikumsberuf verlangt (vgl. auch „Mach's richtig"-Beiheft)?
  10. Welchen Belastungen bist Du am Arbeitsplatz ausgesetzt?
  11. Gibt es Umweltschutzmaßnahmen im Betrieb?
  12. Haben die jugendlichen und erwachsenen Arbeitnehmer eine Interessenvertretung? Wie ist das Verhältnis zur Geschäftsleitung?
  13. Welche schulischen Voraussetzungen sind für Deinen Praktikumsberuf zu erfüllen (Schulabschluß, wichtige Fächer, Notendurchschnitt usw.)?
  14. Wie sind derzeit die Chancen, in Deinem Praktikumsberuf einen Ausbildungsplatz zu erhalten?
  15. Wie sind die Zukunftsaussichten in diesem Beruf? Wird er vom technischen Wandel betroffen sein?
  16. Gibt es Aufstiegs- und Weiterbildungsmöglichkeiten?
  17. Haben sich Deine Erwartungen an den Beruf erfüllt? Was hat Dich persönlich positiv beeindruckt, was gefällt Dir nicht?

Besuch der Praktikanten durch betreuenden Lehrer; Höflichkeit und Zuverlässigkeit im Betrieb, der einen Platz zur Verfügung stellt; Kenntnisnahme bestätigen lassen.
- *Praktikaziele im Unterricht verdeutlichen:* ökonomische, technologische, berufskundliche und soziale Orientierungshilfen im Spannungsfeld der Anforderungen der Arbeitswelt einerseits und persönlicher Interessenlage andererseits.
- *Umsetzung der vorbereitenden Informationen im Unterricht:* Vermittlung von Betriebsstrukturen (z.B. Art und Aufbau): Betriebsalltag (z.B. Gleitzeitregelungen); Gefahren, die in Betrieben zu beachten sind (z.B. an Maschinen); Festlegung der Erkundungsschwerpunkte (z.B. technologischer Wandel); Erarbeitung eines Erkundungsbogens (z.B. Interviewfragen) bzw. formaler und inhaltlicher Aspekte eines Praktikumberichts.
- *Erstellung einer Liste ausgewählter Berufe,* die je nach Schulart möglichst viele Berufsfelder abdeckt (s. Hinweise in der 14. Stunde oder Materialien aus den Arbeitsämtern).
- *Erhebung der Schülerwünsche:* Erst- und Zweitwunsch, da nicht immer die gewünschten Plätze zur Verfügung stehen; Berufsbezeichnung nach der Broschüre „Beruf aktuell"; Zweitwunsch sollte eine „echte" Alternative sein;
- *Vorbereitungsgespräch des Lehrers in den Betrieben* bzw. mit den Betreuungspersonen dort (wenigstens telefonisch); Inhalte: Ziele des Praktikums, u.a. Arbeitsplatzsituation, Belastungen und Entfaltungsmöglichkeiten, typische Tätigkeiten, Klärung von Fragen zur Berufsausbildung, Arbeits- und Berufsfelder im Wandel, Interessenvertretung der Betriebsangehörigen; Hinweis auf Form und Inhalt des Praktikumberichts (s. Vorschlag für eine Hektographie, S. 101); Informationen über das Vorwissen der Schüler; Sinn schulischer Auflagen, z.B. Einverständniserklärungen usw.; Bedeutung schulischer Richtlinien (z.B. Fehlzeiten).
- *Formschreiben:* Zuweisung des Praktikumsbetriebs an die einzelnen Schüler: Schülername, Klasse, Betriebsname, Anschriften, Telefon, Ansprechpartner/Betreuer im Betrieb, Informationen zum Praktikumsantritt (Zeit, Arbeitskleidung usw.), Abschnitt mit der Einverständniserklärung der Eltern.
- *Brief an den Betrieb:* Dank für die Bereitstellung von Praktikumsplätzen, Zeitdauer, Haftpflicht- und Unfallversicherung, Regelungen über Fahrtkosten, Arbeitszeit (in der Regel die von Auszubildenden), kein Entgelt, Besuch eines betreuenden Lehrers ankündigen (trägt entscheidend zum Erfolg bei).

- Aufstellung einer Firmenkartei für zukünftige Praktika.
- Stundenplanorganisation benachrichtigen.

II Durchführung vor Ort; gleichzeitig: Anregungen zum Praktikumsbericht

(s. S. 101)

III Nachbereitung
- Vergleich der Erfahrungsberichte, evtl. in Gruppen
- Verarbeitung des Erlebten: keine Vorträge, sondern kritische Reflexion: Vergleich mit anderen Betrieben, Erarbeiten von Branchencharakteristika, Fallstudienbearbeitungen zu Transfer-Situationen usw.
- Persönliche Wertungen und Konsequenzen für weiteres Handeln
- Nachinformation: Dank an Betriebe, Unterrichtung der Eltern

14. Stunde (Exkurs): Berufsfindung

Welcher Beruf paßt zu mir am besten?

Fachwissenschaftliche und didaktische Vorbemerkungen

„In praktisch jedem menschlichen Wesen ist ein aktiver Wille zur Gesundheit, ein Impuls zum Wachstum oder zur Verwirklichung der menschlichen Möglichkeiten vorhanden." (Alexander Maslow, zit. nach Peter Good: Das Individuum, o.O. 1976, S. 143)
Wie können wir dieses lebendige Prinzip bei der Berufsfindung im schulischen Milieu unterstützen?
Jede Berufswahl ist zwischen den Polen der individuellen Selbstanerkennung und den gesellschaftlichen Anforderungen angesiedelt. Es gilt also, die eigene und die äußere Realität zu erkennen und sich mit diesem Rüstzeug zu entwickeln und zu entscheiden. In unserer Zeit werden diese Entscheidungen angesichts rasanter technologischer Ent-

wicklungen immer schwieriger. Adäquatheit und Sicherheit von Berufsentscheidungen nehmen mit dem zunehmenden Tempo von Waren-, Geld- und Kommunikationsströmen ab. Die Vielfalt des Angebots verwirrt eher, als daß sie bereichert; vielen ist der Zugang zu Berufen durch Lehrstellenknappheit und Numerus clausus erschwert oder versperrt bzw. macht die früh getroffene Berufswahl zur Lebenshypothek.

Dazu einige empirische Befunde:
- Die Bundesanstalt für Arbeit gibt für Anfang der 80er Jahre ca. 30000–40000 (6–7%) Jugendliche an, die jährlich ihre begonnene Berufsausbildung abbrechen; allein finanziell betragen die Kosten dafür eine halbe Milliarde DM (nach: Klaus Schweikert / Vera Meissner: Berufswahl und Berufsinformation. Ergebnisse einer empirischen Untersuchung. Hrsg. vom Institut für Arbeitsmarkt- und Berufsforschung der Bundesanstalt für Arbeit. Nürnberg 1984, S. 37).
- Die Quoten für Studienabbruch und Fachwechsel betragen ca. 10 bzw. 20% (Martin Schacher: Studien-/Berufswahl sowie Ausbildungserfolg von Abiturienten im Spiegel jüngerer Erhebung, in: Loccumer Protokolle 28, 1984, S. 30–39)
- Die Jugendarbeitslosigkeit ist – gemessen an der Gesamtarbeitslosenquote – besonders hoch.
- Lehrlinge und Akademiker mit Abschluß erhalten oft keinen Arbeitsplatz mehr; mit einer Entlastung des Arbeitsmarkts kann jedoch mit dem Ende des „Schülerbergs" in den späten 80er Jahren gerechnet werden.
- In einigen 10. Gymnasialklassen in ländlichen Regionen gehen bis zu 50% der Klasse ab (Beobachtungen in Baden-Württemberg).

Historisch gesehen macht erst die Gewerbefreiheit seit dem 19. Jahrhundert die Berufswahl zum Entscheidungs- und Beratungsfall. Die damit verbundene prinzipiell ungesicherte Existenz jedes einzelnen bürgerlichen Individuums macht die Berufsfindung offen für subjektive und äußere Einflüsse. Zum Ende unseres Jahrhunderts sind diese bestimmt durch schwache (außengeleitete) Ichstrukturen der Individuen einerseits, Hiobsbotschaften vom Arbeitsmarkt, wirtschaftlichen Strukturveränderungen und wechselnden Berufsbildern andererseits.

Und trotzdem werden Informationsangebote, vor allem von Gymnasiasten, nur spärlich angenommen: empirische Befunde der Bundesanstalt für Arbeit belegen, daß

- eine Vielzahl der Jugendlichen sich an „Modeberufen" orientiert, obwohl 1985 allein über 430 Ausbildungsberufe ausgewiesen waren;
- eine zu frühe und zu starke Selektion von Berufen stattfindet;
- nur die Hälfte der Jugendlichen (davon wieder die Minderheit: Jungen) das Berufsinformationszentrum der Arbeitsämter (BIZ) in Anspruch nimmt;
- die Hauptinformationsquelle der Gymnasiasten „Zeitungen und Bücher" sind – also Erfahrungen aus zweiter Hand.

Wie können wir nun diesen beklagenswerten Tatsachen in der Schule entgegenwirken? Im Sinne des GG-Artikels 12 (1): Freiheit der Berufswahl geht es darum, die Schüler zu möglichst freier und bewußt geplanter Berufswahlentscheidung anzuleiten. Aus der Pädagogik wissen wir, daß zum einen Kinder im 8.–10. Schuljahr noch „kindhaft" entscheiden („Tierpfleger" ist denn auch ein „Renner" bei der Informationssuche im BIZ), zum anderen die Eltern einen großen Einfluß auf die (spontane) Berufswahl ihrer Kinder haben, daß deren begrenzter Erfahrungs- und Informationshorizont – gekoppelt mit schichtengebundenen Vorstellungen – aber oft eine sachlich gerechtfertigte Berufsfindung behindern kann (s. dazu Horst Friedrich/Ingbert Müller: Berufswahlunterricht Sekundarstufe I, Schwann, Düsseldorf 1980).

Vorschlag: Material- und Zeitplan zur Berufsfindung
(Hinweise für Lehrer)

Klasse	Schule	Berufsberatung	Eigeninitiative
Ende 9/1	Elternabend: Fahrplan der Berufsfindung		Meine Berufswünsche
	Stunde 1: „Berufsfindung"		
		Besuch im BIZ – Step-Hefte	Ausfüllen der Step-Hefte: Erwartungskarte und Fähigkeitskarte (Selbsteinschätzung)
	Stunde 2: „Berufsfindung" (Besprechung der Step-Ergebnisse) evtl. Tests bei Beratungslehrern	Zusatzmaterialien für Schulabgänger – mach's richtig – Blätter zur Berufskunde – Beruf aktuell – Informationen zu Einstellungstests und Bewerbungsprozedur (v. a. abi 11/84 und 4 u. 5/85)	
			Praktikumsplatz suchen
Ende 9/2	Betriebspraktikum (Wochenbericht, Berufsbeschreibung, Besuche des Lehrers am Praktikumsplatz, Eltern-/Schüler-/Lehrer-Gespräch)		
10	Entscheidung: Sekundarstufe II oder Berufseinmündung		
11/1	Gespräche mit ehemaligen Schülern und Berufsvertretern (über Kammern!) evtl. Simulation von Einstellungsgesprächen	– Step für Abiturienten – abi-Berufswahl-Magazin	Informationsgespräche

Daraus folgt, daß sowohl Eltern (bei der letzten Entscheidung), als auch die Angebote der Arbeitsämter (für individuelle Beratung) in den Rahmen eines Unterrichts einbezogen werden müssen, der auf eine sinnvolle Berufswahl abzielt. Unbewußte Entscheidungsprämissen sollen reflektiert und die rationale Entscheidung der Schüler erweitert werden.

Natürlich gibt es auch Grenzen dieser rationalen Berufswahl (nach Annelore Chaberny / Klaus Parmentier / Friedemann Stooß: Berufswahlvorbereitung innerhalb der Arbeitslehre, in: Heinz Dedering (Hrsg.): Lernen für die Arbeitswelt. Rowohlt 1979, S. 118–138):

– subjektiv zufriedenstellende Informationen werden eher als optimale herausgesucht;
– dissonante Informationen werden so lange „gefiltert", bis sie den eigenen Wertvorstellungen nahekommen.

Dieses sozial- und individualpsychologische Problem kann (und wird) in der konkreten Suche nach Alternativen zum „Wunschberuf" auftauchen – dann nämlich, wenn vorgefaßte Einstellungen revidiert werden müssen.

Wollen wir also „Zufallswahl", „Durchwursteln" und „Spontanwahl" als Entscheidungsmodelle ausschließen, so ist als erkenntnisleitende Prämisse „Berufsfindung als Prozeß" zu wählen – so ein Zeitschriftentitel von Lothar Beinke in Heft 5, 1985 von „Wirtschaft und Gesellschaft im Unterricht" (S. 163–166) –, weil sie am ehesten den Langzeitcharakter und die Determinantenvielfalt der Berufsfindung berücksichtigt.

Welche Theorie entspricht dieser Voraussetzung?

Die derzeit gültige gesetzliche Grundlage der amtlichen Berufsberatung, sich entwickelnde Bedürfnisse von Jugendlichen den Entwicklungen des Arbeitsmarkts gegenüberzustellen, kommt einer Selbstfindung der Schüler sehr nahe. Allerdings ist dort nicht berücksichtigt, welchen sozioökonomischen Bedingungen dieser vorgeblich individuelle Entscheidungsprozeß unterworfen ist. Dies zu erhellen ist eine wichtige Aufgabe der Schule; in den vorliegenden „Stundenblättern" liegt das relevante Stoffangebot in den Stunden „Technische und gesellschaftliche Aspekte des technologischen Wandels" (Stunden 7 und 8) bereits vor.

Die Didaktik dieser Stunde setzt also zweierlei Zielorientierungen voraus:
1. Steigerung des rationalen Informationsverhaltens von Schülern in bezug auf ihre Berufsfindung.
2. Bezug auf individuelle Lebenssituationen, d.h. dauernde Rückkopplung von eigenen Erfahrungen (Selbsterkundung) mit den Informationen: „Das bloße Vermitteln von berufskundlicher Information trägt wenig oder nichts zur Behebung der Berufswahlunreife bei." (Erwin Egloff: Berufswahlvorbereitung. Lehrmittelverlag des Kantons Aargau, 1976, S. 21)

Was können wir in der Schule praktisch zur „Berufswahlreife" beitragen?

Alle relevanten Aspekte einer Berufsfindung müssen aufgezeigt werden; dazu gehören:
1. internalisierte Verhaltenserwartungen der Person wie Neigungen (Ziele, Interessen...), Eignung (Fähigkeiten, Eigenschaften...) und soziales Ansehen;
2. der soziale Aspekt; er wird vermittelt durch
   a) eine Entscheidung (und Hilfen dazu);
   b) eine Zuweisung (Spektrum von Tätigkeiten und Beschäftigungsrisiken);
   c) eine Interaktionsstruktur (Eltern, Peer-groups, Schule, Berater, Medien...);
   d) einen Zukunftsaspekt

(nach: Heinz Neuser: Berufswahlunterricht im Kurssystem der gymnasialen Oberstufe. Ergebnisse und Schlußfolgerungen aus dem Krefelder Erprobungsprojekt, in: Loccumer Protokolle, a.a.O., S. 60–73, hier: S. 64).

Alle diese Bereiche sollten in stark geraffter Form auch Stundeninhalte sein.

Mit dieser Konzeption ist sicherlich nur ein Anfang für die Behandlung der Berufswahlproblematik gemacht. Vor allem an Gymnasien ist die Dringlichkeit des Problems evident. Daß das Bedürfnis dazu von Schülerseite her besteht, zeigen Selbsthilfegruppen in Grafing, Göttingen und Stuttgart. Es ist zu vermuten, daß für die meisten Unterrichtsstunden über „Berufswahl" das zutrifft, was ein solcher „Selbsthelfer" in Loccum formulierte:

„Bei unseren Berufswahl-Selbsthilfen besteht das Problem aber gerade darin, daß der Gymnasiast *nicht* (Hervorh. im Text) akut unter seiner Ratlosigkeit leidet. Sein akutes, spontanes Verhalten besteht darin, die Berufswahlfrage wegzudrücken." (s. dazu auch: Evangelische Akademie Loccum, a.a.O.,: Schülerselbsthilfe zur Berufs- und Studienfachwahl – ein Weg aus der Ratlosigkeit? Rehburg-Loccum 1984, S. 163)

Da die Berufswahlfrage also weder von der Nachfrage- noch von der Angebotsseite hinreichend befriedigt wird, sind einige grundsätzliche Bemerkungen angebracht:

– Die Behandlung der „Berufsfindung" in einer Stunde ist zu kurz (s. den Prozeßcharakter der Berufsfindung).
– Die Behandlung der Problematik in der 10. Klasse (Realschule bzw. Gymnasium) ist zu spät, da Bewerbungen mindestens ein Jahr vor Ausbildungsbeginn abgeschickt werden sollen – bei anhaltender Stellenknappheit kein zu vernachlässigender Aspekt.

Schlußfolgerung:
– Wenn dies lehrplantechnisch möglich ist, sollte frühzeitig und über einen längeren Zeitraum hinweg die Berufswahlproblematik in der Schule in Zusammenarbeit mit Eltern und Berufsberatung besprochen werden. Beginnt der Wirtschaftslehreunterricht erst in der 10. Klasse, so könnte in 9.2 eine AG angeboten werden.

– Die nachfolgend vorgeschlagene Stundeneinheit bietet zum Einstieg ein Minimalprogramm dar, das inhaltlich und zeitlich gefüllt werden kann (s. Vorschlag/Hinweis für den Lehrer: Material- und Zeitplan zur Berufsfindung, S. 104, sowie Zusammenfassung der „Informationsquellen" (S. 110ff.).

Ziele der Stunde

Die Schüler erkennen
– eigene Erwartungen, Interessen, Fähigkeiten (Stärken und Schwächen) und Verhaltenseigenschaften wie Hoffnungen und Befürchtungen, also: Mosaiksteine ihres Selbstkonzepts;
– Informationen und deren Vermittler in bezug auf ihre eigene Berufsfindung;
– Alternativen beim Übergang in die Sekundarstufe II.

Die Schüler erarbeiten
– wichtige Berufsfelder in Beziehung zu grundlegenden menschlichen Handlungsfeldern;
– die Vorläufigkeit von Berufserwartungen;
– Interessens- und Fähigkeitsbereiche und kombinieren sie mit Berufsrichtungen.

Die Schüler problematisieren
– eigene berufliche Wunschvorstellungen auf dem Hintergrund gesellschaftlicher Daten;
– Gründe für ihre Berufswünsche;
– eine unmittelbare Berufseinmündung gegen weiteres Lernen/Studieren;
– die emotionale Distanz bei der Informationsbeschaffung gegenüber den Infomanten und Möglichkeiten, diese abzubauen;

Schulbuchhinweise:
– P wie Politik. Gemeinschaftskunde. Wirtschaftslehre 8. Schuljahr Hauptschule Baden-Württemberg. Schöningh, Paderborn 1985, S. 113–135 (Berufswahlunterricht)

- Gemeinschaftskunde für Baden-Württemberg. Realschule Klasse 9. Schrödel, Hannover 1982, S. 5–20 (Hilfen für die Berufswahl)
- arbeiten und wirtschaften. Teil Wirtschaftslehre 7/8. Klett, Stuttgart 1985, S. 118–131 (u. a. Berufswahl früher und heute, Einflußfaktoren, Berufschancen von Mädchen, Anforderungen der Berufe, Ausbildungsstellenmarkt)
- Heute und morgen. Gemeinschaftskunde Realschule Klasse 8. Klett, Stuttgart 1985, S. 5–37 (Berufswahl und Arbeitswelt)

Verlaufsskizze

Unterrichtsschritt 1:
Was meine Berufswahl beeinflußt

Es kommt in diesem Unterrichtsstadium darauf an, mit der Klasse Determinanten der Berufswahlentscheidung zusammenzustellen. Es ist darauf zu achten, daß möglichst viele Einflußfaktoren genannt werden, um bereits zu Beginn der Thematik vorschnellen und einseitigen Festlegungen zuvorzukommen. Inhaltliche und formale Gesichtspunkte dieser Auflistung sind dem Tafelbild zu entnehmen.

Den Rahmen der Einzelstunde und die Bedeutung des Themas für alle Schüler hebt der Lehrer mit der Tafelüberschrift hervor.

Unterrichtsschritt 2:
Persönliche Dimension I: Erwartungen

An den Einstieg anknüpfend werden die Schüler nun selber gefragt, welche Erwartungen sie an ihren künftigen Beruf haben. Bevor sie die Folie ansehen, sollten im Unterrichtsgespräch Berufswahlkriterien genannt und damit für die anschließende individuelle Bearbeitung bewußt gemacht wer-

Vorschlag für eine Folie
(14. Stunde, Unterrichtsschritt 2)

Was erwarte ich von meinem Beruf?

Das wollen junge Leute vom Beruf:

Das Wichtigste bei meinem künftigen Beruf ist:

- mit interessanten Menschen zu tun haben
- daß ich Menschen helfen kann
- daß ich aufsteigen kann
- Sicherheit des Arbeitsplatzes
- daß ich einen Ausbildungsplatz bekomme
- Eignung
- Spaß am Beruf

- keine Schmutzarbeit
- Hobbys verwirklichen
- guter Verdienst
- Ansehen
- geringe Kosten der Ausbildung
- Umgang mit Maschinen
- Arbeit an frischer Luft

(nach: Globus-Kartendienst, 5660 vom 8.7.1985)

Bearbeitungsfragen:
1. Welche der obengenannten Erwartungen an den künftigen Beruf sind für Dich persönlich am wichtigsten?
   Kreuze die 3 wichtigsten an!
2. Ergänze die Liste, wenn nötig, mit einer weiteren eigenen Erwartung!
3. Begründe Deine Wahl!
4. Welche Erwartungen an einen Beruf stellen Deine Eltern?

den. (Material: Globus-Kartendienst Nr. I, 5660 vom 8. 7. 1985; die Umfrage wird immer wieder aktualisiert!) Methodischer Hinweis: aus Zeitgründen sollten in der Einzelarbeit nur die jeweils drei wichtigsten Kriterien pro Schüler genannt und dann mit einer elterlichen Prioritätenliste verglichen werden.

Hier die Schülererwartungen:

- Spaß am Beruf 90%
- Eignung 75%
- daß ich einen Ausbildungsplatz bekomme 57%
- spätere Arbeitsplatzsicherheit 46%
- daß ich aufsteigen kann 35%
- daß ich anderen Menschen helfen kann 32%
- mit interessanten Menschen zu tun haben 26%
- keine Schmutzarbeit 25%
- Hobbys verwirklichen 17%
- guter Verdienst 16%
- Ansehen 14%
- geringe Kosten der Ausbildung 11%
- Umgang mit Maschinen 8%
- Arbeit an frischer Luft 6%

Zusammenfassung: Freude am und Eignung für den Beruf stehen eindeutig an der Spitze; überraschend die geringen Punktzahlen für den materiellen Verdienst (Rang 10!); realistisch die Sorge um den Arbeitsplatz. Da aus empirischen Untersuchungen hervorgeht, daß über die Hälfte der Jugendlichen die elterliche Hilfe bei ihrer Berufswahl als überaus wichtigen Faktor angibt, ist es angebracht, deren Empfehlungen den Angaben der Jugendlichen gegenüberzustellen. Folgendes läßt sich dazu resümieren:

- Die „Sicherheit des Arbeitsplatzes" rangiert vor der „Freude am Beruf" an erster Stelle.
- Die Einkommensperspektive ist für Eltern wichtiger (v. a. in bezug auf Söhne!).
- Die Berufswahl sollte vorläufig sein.

(nach: Kleiner Wirtschaftsspiegel, 10, 1985, S. 1 und: imu-Bildinfo 850523 vom 23. 5. 1985)

Gerade hier lohnt es sich natürlich, die jeweiligen Erwartungshaltungen bewußt zu machen. (Unterrichtsimpuls dafür wäre: Wie lassen sich die Unterschiede erklären?)

Unterrichtsschritt 3:
Persönliche Dimension II:
Interessen und Fähigkeiten

Berufliche Zufriedenheit und beruflicher Erfolg stehen in direktem Zusammenhang mit der Erfüllung von Erwartungen und dem Einbringen von Interessen und Fähigkeiten. An dieser Stelle nun sollen (in Kurzform!) Interessen und Fähigkeiten für jeden einzelnen Schüler „gecheckt" werden, um dadurch belastungsfähige Orientierungspunkte für eine Berufswahlentscheidung zur Verfügung zu haben: Dazu können zwei Graphiken aus abi-Berufswahl Magazin 11/1984 (S. 20 und 21) herangezogen werden. Beispiele für die genannten Interessensbereiche und jeweils persönliche Erfahrungen aus Familie, Schule und Freizeit verklammern danach Information und Selbstkonzept der einzelnen Schüler (s. Erschließungsfragen auf Arbeitsblatt 13).

Beispiele für Interessen:

- am Umgang mit Sachen und Daten: handwerkliche Tätigkeiten, Steuerung einer Fabrikationsanlage, ...
- am Umgang mit Menschen: Referate halten, eigene Ideen und Meinungen darstellen, ...
- an Wissenschaft und Forschung: Experimente durchführen, Theorien entwickeln, ...
- an überschaubaren, regelmäßigen Aufgaben: Büroarbeit, kaufmännische Korrespondenz, ...
- an kreativen Tätigkeiten: ausgefallene Kleidungsstücke schaffen, Inneneinrichtung einer Wohnung planen, ...
- an sozialen Aufgaben: sich für Interessen benachteiligter Menschen einsetzen, Kranke und Verletzte pflegen, ...
- am Umgang mit Technik: Baupläne studieren, Datenverarbeitungsanlagen, ...
- am Umgang mit Literatur, Kultur, Medien: Artikel für Schülerzeitung verfassen, in Bibliothek arbeiten, ...

Die zweite Graphik sucht Antwort auf die Frage: Was kann ich?
Sie ist für den späteren Beruf aus der Tatsache heraus bedeutsam, daß die dort gestellten Anforderungen weder über- noch unter-

fordern sollten (s. auch hier Erschließungsfrage auf dem Arbeitsblatt).

Beispiele für berufliche Fähigkeiten:

– logisches Denken: Denksportaufgaben lösen, die Richtigkeit einer mathematischen Formel durch Ableitung beweisen, ...
– sprachliches Denken: Aufsatz verfassen, Fremdwörter verstehen, ...
– rechnerisches Denken: im Urlaubsland die Währung umrechnen, sich äußerst selten verrechnen, ...
– räumliches Vorstellen: sich mit Karte in einer Stadt zurechtfinden, Perspektivzeichnungen auswendig anfertigen, ...
– Einfallsreichtum: Spiele selber ausdenken, Geschenke originell verpacken, ...
– Hand-/Fingergeschick: ohne Lineal eine gerade Linie zeichnen, mit Nadel und Faden geschickt arbeiten, ...
– Kontaktsicherheit: vor der Klasse sprechen, in Diskussionen auf jemanden eingehen, der meine Ansichten nicht teilt, ...

(nach den STEP-Programmen der Bundesanstalt für Arbeit)

Ergänzung:

Ist der Fachlehrer zugleich Beratungslehrer, kann er auch einschlägige Interessentests (z.B. BIT-II) bzw. Fähigkeitstests (IST-70, der vielen Einstellungstests als Grundlage dient!) mit der Klasse durchführen. Anweisung und Interpretation sollten jedoch nur von dafür ausgebildeten Kollegen (-innen) vorgenommen werden.

Unterrichtsschritt 4:
Gesellschaftliche Dimension I:
Welche Berufe kommen für mich in Frage?

Aus der Kombination von Erwartungen, Interessen und Fähigkeiten sind aus einer Liste über zukunftsträchtige Berufe im Jahre 1990 (s. Arbeitsblatt 13, Franz Decker, a.a.O., S. 20f.) und durch eigene Berufsvorstellungen fünf Berufe von jedem Schüler zu benennen. Die Spalte „Saldo" der Prognose „1990" schließt an die bereits gewonnenen Kenntnisse aus der Stunde: „Technolog. Wandel: Risiken" an.
Sicherlich bietet der Unterrichtsschritt in dieser Phase einen Motivationsschub, der für die Abschlußrunde genutzt werden kann.

Unterrichtsschritt 5:
Gesellschaftliche Dimension II:
Berufsausbildung nach der 10. oder Weiterlernen/Studieren?

Haben die Schüler fünf Berufsalternativen auf der Kopiervorlage notiert, kann ihnen die Frage gestellt werden, mit welchem Bildungsabschluß (mittlerem oder höherem) ihr Ziel zu erreichen ist. Es wird sich herausstellen, daß oft nur unzureichende Informationen bestehen: vor allem ist darauf hinzuweisen, daß viele Berufsziele auch über Berufsakademien bzw. berufliche Weiterbildung (und nicht nur über ein Studium) zu erreichen sind (z.B. im Modebereich, im Bankenbereich, ...). Nachforschungen dazu sollten die Schüler jedoch eigeninitiativ durchführen.

Damit stellt sich insgesamt das Problem des evtl. Schulabgangs nach der 10. Klasse (s. Vorbemerkungen).

Die Klassengemeinschaft diskutiert

a) Argumente für einen Schulabschluß nach der 10. Klasse
b) für das Abitur und Beruf/oder Studium (s. Tafelbild).

Ergänzung:

Berufswahl kann auch als Planspiel durchgeführt werden. Unterrichtshilfe dazu bietet Karlheinz Tiggelers: Berufswahl, didaktische reihe ökonomie, Köln, Verlag J. P. Bachem 1978; die Problematik des Schulabschlusses wird in einem Bildungsspiel dargestellt, das die Bundeszentrale für politische Bildung in der Nr. 9/1974 der PZ herausgab.

Vorschlag für eine Hektographie (14. Stunde) – Informationsquellen in den Printmedien

Titel/ Kennzeichnung	Stichworte zum Inhalt	Mediendidaktische Hinweise	Bezugsmöglichkeit
mach's richtig für Haupt-, Real- und Gesamtschulen (auch mit Übersetzung in polnischer Sprache), Broschüre	Informationen zu folgenden Fragen: Was muß ich bei der Berufswahl besonders beachten, Überblick über die Berufe, welche Wege zum Beruf, Informationsstrategien, Ausbildungsplatzsuche, Hilfen der Berufsberatung (getrennte Ausgaben für Haupt- und Realschulen; Hauptschulheft auch in polnisch)	Soll vom Schüler eigeninitiativ erarbeitet werden. Wegen Komplexität der Themen und Inhaltsfülle ist unterrichtliche Behandlung empfehlenswert. Mit Planungsposter	Direktversand an die Schulen, Arbeitsamt
mach's richtig, Beiheft, für Haupt-, Real- und Gesamtschulen, Broschüren	Vertiefung einiger Themen des Hauptheftes. Thema Beruf: z. B. Bildung von Berufsbereichen, ähnliche Berufe, Berufsaussichten, geschlechtsspezifische Berufswahl, Thema Ausbildungsplatz: z. B. Technik der Ausbildungsplatzsuche, Bewerbung, finanzielle Hilfen	Aufwendiges Unterrichtsmedium, durchgängig hochwertiges didaktisch strukturiertes Bildmaterial, das vielseitiger verwendbar ist als im Heft vorgeschlagen	Auf Bestellung (Sammel- oder Einzelbestellung), Arbeitsamt
Auf dem Wege zum Beruf, Ausgabe A, B, C ... (Broschüre)	Informationsschriften für behinderte Jugendliche. Klärung persönlicher Erwartungen und Fähigkeiten im Hinblick auf den Beruf, Möglichkeiten der Berufsvorbereitung und Berufsausbildung, Dienste und Leistungen der Berufsberatung. Differenziert nach Behinderungsarten: Lernbehinderte Jugendliche (A), gehörlose und hochgradig schwerhörige Jugendliche (B), blinde und hochgradig sehbehinderte Jugendliche (C)	Als Unterrichtsmedien in Sonderschulen geeignet	Direktversand an die Schulen, Behindertenorganisationen, Arbeitsamt
Mehr wissen über die Berufswahl, Informationen für Eltern (Broschüre)	Anregungen und Hilfestellungen für Eltern behinderter Jugendlicher. Themen: Berufswahlvorbereitung, Berufsausbildung, Berufsfähigkeiten. Spezifische Inhalte für einzelne Behinderungsarten Desgl. für Eltern von lernbehinderten Jugendlichen	–	Ausgabe durch Berufsberater f. Behinderte, Behindertenorganisationen, Arbeitsamt desgl., aber ohne Behindertenorganisationen
IZ für Haupt-, Real- und Gesamtschüler, A-Ausgabe für vorletztes Schuljahr, B-Ausgabe für letztes Schuljahr (Zeitung)	Journalistisch aufgemachte Berufswahlzeitung mit aktuellen Hinweisen. Berichte, Reportagen, Interviews über einzelne Berufe und Berufsbereiche, seltene Berufe, Mädchen in Männerberufen, Ausbildungsplatzsuche, Ausbildungsstellensituation in einzelnen Berufen, Traumberufe – Wunsch und Wirklichkeit	Lebendiges, anschauliches Medium. Zur Anwendung im Unterricht geeignet (einzelne Beiträge)	Direktversand an die Schulen, Arbeitsamt

Titel	Inhalt	Einsatz	Bezug
Wege zum Beruf in Deutschland (türkisch, griechisch, italienisch, serbokroatisch, spanisch, portugiesisch) Orientierungsschrift für junge Ausländer und ihre Eltern (Broschüre)	Erwartungen an den Beruf, Anforderungen des Berufs, Ausbildung oder Job, Ausbildungskunde, Berufsvorbereitende Lehrgänge. Hilfen des Arbeitsamtes, finanzielle Förderung. Grundlegende Darstellung	Als Unterrichtsmedium in den allgemeinbildenden Schulen kaum geeignet. Aber gut einsetzbar in der Elternarbeit. Teilw. Übersetzungsprobleme (Hochsprache – Umgangssprache)	Ausgabe durch den Berufsberater, Arbeitsamt, Hinweise auf die Schrift durch Plakate
IZ für junge Ausländer und ihre Eltern (Übersetzungen in den Sprachen wie oben) (Zeitung)	Notwendigkeit einer Berufsausbildung, Hilfen des Arbeitsamtes, Ausbildungskunde, Ausbildung für Mädchen, Probleme des Schulabschlusses, Techniken der Ausbildungsplatzsuche usw.; aktuelle Informationen	Gut einsetzbar in der Elternarbeit, bewußt einfaches Sprachniveau	Ausgabe durch Berufsberater, Arbeitsamt
abi-Berufswahlmagazin für Gymnasien, Gesamtschulen, Fachoberschulen (Magazin)	Studiengänge, Studienorte, Ausbildungsmöglichkeiten außerhalb der Hochschulen, Hochschulzugänge, Berufspraxis nach Beendigung der Hochschulausbildung, Arbeitsmarktlage, Informationen über Beratungsdienste	–	Postversand an die Schulen, Abonnement, Einzelverkauf
beruf aktuell (Taschenbuch)	Nachschlagewerk mit Kurzbeschreibung der Berufe mit geregelter Ausbildung (betriebliche Ausbildung, schulische Ausbildung). Im Anhang: Informationen zu den Beschäftigungsaussichten, schulische Abschlüsse, berufliche Bildungswege, finanzielle Förderung	–	Lieferung direkt an die Schulen, Arbeitsamt
beruf aktuell für Ausländer (Taschenbuch)	Liegt in folgenden Sprachen vor: Türkisch, griechisch, serbokroatisch, portugiesisch, italienisch, spanisch; Inhalte wie oben	–	Ausgabe durch Berufsberater, Arbeitsamt
Studien- und Berufswahl, hrsg. gemeinsam mit Bund-Länder-Kommission für Bildungsplanung und Forschungsförderung (Taschenbuch)	Studiengänge an Hochschulen, berufliche Bildungswege für Abiturienten u. ä. Aussagen zu den Beschäftigungsmöglichkeiten, Studienkosten, Förderungsmöglichkeiten, Verzeichnis der Hochschulen	–	Auslieferung direkt an die Schulen, Bezug über den Buchhandel
Blätter zur Berufskunde (Heft/Loseblattsammlung)	Ausführliche Beschreibung der Aufgaben und Tätigkeiten, Ausbildung, Weiterbildung, Entwicklung und Situation des Berufs	–	Bestellung über Bertelsmann-Verlag, Bielefeld, Bestellkarten und Verzeichnis in fast allen aufgeführten Printmedien und beim Arbeitsamt
Informationsmappe der Berufsberatung (Berufsmappe)	Kurzinformation über Aufgaben, Tätigkeiten, Weiterbildungsmöglichkeiten, Ausbildung. Übersicht über die örtliche Ausbildungssituation (Zahl der Ausbildungsbetriebe und Auszubildenden, Ausbildungsvergütung, von den Ausbildern geforderte Voraussetzungen, Wartezeiten etc.), Mediennachweis, gesetzliche Vorschriften zur Ausbildung und Prüfung, Blatt zur Berufskunde, Informationsmaterial aus der Presse usw. über den Beruf	–	Nur in den Selbstinformationseinrichtungen einzusehen

Vorschlag für eine Hektographie (14. Stunde) – Informationsquellen durch Filme, Dia- und Tonbildserien, Hörbilder

Titel/Kennzeichnung	Stichworte zum Inhalt	Mediendidaktische Hinweise	Bezugsmöglichkeit
Berufsorientierende Filme, ... 16 mm Lichtton	Themenbereiche: Berufswahl-Motivationen, Berufswahlprobleme, Behinderte Menschen/Rehabilitation, Berufsausbildung oder nicht? Abiturienten – Studium oder Berufsausbildung?, Aufstieg und Weiterbildung im Beruf; Jugendarbeitslosigkeit, Frauen im Beruf/Mädchen in Männerberufen	Länge zwischen 30 und 40 Min. In voller Länge für Unterrichtseinsatz nur bedingt geeignet. Ausschnitte sehr gut geeignet, aber arbeitsaufwendige Unterrichtsvorbereitung	Verleih: Deutsches Filmzentrum, Bonn, Landesfilmdienste
Berufsorientierende Kurzfilme, Serie: Berufswahl heute, 16 mm Lichtton	Hilfen der Berufsberatung, Eignung – Anforderungen, Informationsstrategien, Zukunftsaussichten, Suche nach einem Ausbildungsplatz, Hilfen für Behinderte usw. (20 Titel)	Filmlänge 8 Min., didaktischer Vorteil dieses Filmtyps ist die geschlossene Abhandlung eines Berufswahlproblems	wie oben
Berufsorientierende Kurzfilme, Serie: Wege zum Beruf, 16 mm Lichtton	Berufswahlfragen mit Lösungsangeboten (Hilfen des Arbeitsamtes)	Filmlänge 5 Min., wie oben	wie oben
STEP für Haupt- u. Realschüler (Broschüre)	Programm, bestehend aus 2 Heften: Welche Erwartungen habe ich?; welche Fähigkeiten habe ich? Erwartungsmuster bzw. Fähigkeiten-Strukturen werden mit Berufen verglichen, deren Anforderungsprofil bekannt ist (getrennte Ausgaben für jeden Schultyp)	–	Ausgabe durch Berufsberater, z.T. Direktversand an Schulen, Arbeitsamt
STEP für Abiturienten (Broschüre)	Anleitung zur selbständigen Erkundung von Berufsinteressen, beruflichen Fähigkeiten, Verdiensterwartungen, Beschäftigungsaussichten, Ausbildungswegen	–	wie oben
Berufskundliche Filme, 16 mm Lichtton	Meist sehr ausführliche Darstellung einzelner Berufe, Interviews mit Berufstätigen, Veränderungen in den Berufen usw.	Laufzeit unterschiedlich zwischen 25 und 45 Minuten	Verleih: Deutsches Filmzentrum, Bonn, Landesfilmdienste
Berufskundliche Kurzfilme, Serie A, 16 mm Lichtton	Wichtigste Tätigkeiten bzw. Tätigkeitsschwerpunkte eines Berufes (186 Titel), wird weiter ausgebaut	siehe unten	wie oben
Berufskundliche Kurzfilme, Serie B, 16 mm Lichtton	Exemplarische Ausschnitte aus typischen Arbeitsabläufen nur eines Berufstätigen. Interviews über Vor- und Nachteile des Berufs aus Sicht des Berufstätigen (56 Titel), wird weiter ausgebaut	siehe unten	wie oben
Serie Berufsreport, 16 mm Lichtton	Ausgewählte Berufe, die sich einem gemeinsamen Arbeitsbereich zuordnen lassen. Gezeigt werden ausgewählte, typische Tätigkeiten oder Aufgaben. Unterschiedliche Qualifikationsebenen der gezeigten Berufe. Interviews mit Berufstätigen	siehe unten	wie oben
Berufskundliche Diaserien, 4x4 super-slide	Text-Bild-Kombination über die wichtigsten Tätigkeiten eines Berufes (meist 12 Bilder, ca. 230 Serien)	–	wie oben
Berufskundliche Tonbildserien, 4x4 super-slide und Tonkassette	Tätigkeiten in einzelnen Berufen, vor allem aber Berufsbereichen, berufliche Rehabilitation, Mädchen in Männerberufen	–	Nur in Selbstinformationseinrichtungen
Berufskundliche Hörbilder, Tonkassette	Tätigkeiten in einzelnen Berufen, Arbeitsplätze, Zugangsvoraussetzungen, Interessen und Fähigkeiten, Ausbildung und Ausbildungsprobleme, Beschäftigungsmöglichkeiten, Weiterbildungsmöglichkeiten	–	wie oben
Studienkundliche Hörbilder, Tonkassette	Erwartungen an Studium und Beruf, Studienschwerpunkte, Anforderungen des Studiums, Berufsperspektiven, Fähigkeiten	Im Medienverbund mit Arbeitsbogen, wird weiter ausgebaut	wie oben

aus: Seibert, R., Medien der Berufsberatung, in: arbeiten + lernen, Heft 25, 1983